中国文化小通史 两晋南北朝

王春瑜 主编
刘精诚 著

海峡出版发行集团
福建人民出版社

图书在版编目（CIP）数据

中国文化小通史．两晋南北朝／刘精诚著．--2版．--福州：福建人民出版社，2020.10（2024.4重印）

ISBN 978-7-211-08266-7

Ⅰ.①中…　Ⅱ.①刘…　Ⅲ.①文化史—中国—魏晋南北朝时代—通俗读物　Ⅳ.①K203—49

中国版本图书馆CIP数据核字（2019）第287513号

中国文化小通史·两晋南北朝

ZHONGGUO WENHUA XIAOTONGSHI · LIANGJIN NANBEICHAO

主　　编： 王春瑜
作　　者： 刘精诚
责任编辑： 陈斯敏
出版发行： 福建人民出版社　　**电　　话：** 0591-87533169（发行部）
地　　址： 福州市东水路76号　　**邮　　编：** 350001
网　　址： http://www.fjpph.com
电子邮箱： fjpph7211@126.com
经　　销： 福建新华发行（集团）有限责任公司
印　　刷： 福州德安彩色印刷有限公司
地　　址： 福州市金山浦上工业区B区42幢
开　　本： 787毫米×1092毫米　1/32
字　　数： 105千字
印　　张： 5.75
版　　次： 2020年10月第2版　2024年4月第2次印刷
书　　号： ISBN 978-7-211-08266-7
定　　价： 20.00元

目　录

第一章　农业和畜牧业

一、南方农业的发展

1. 东晋南朝农业发展的原因

两晋南北朝时期是我国南方社会经济得到开发的重要时期。江南的开发，从春秋战国以来已有很长的历史。这里地处亚热带，气候温湿，雨量充沛，植物茂盛。西周春秋时期，吴、越两国据有太湖和钱塘江流域，当地曾得到相当的开发。战国末，本区吴越故地为楚春申君黄歇封地，西汉初又为吴王刘濞领地，开发转盛。到东汉末，这里已有“沃野万里”，号为“乐土”。

但就全国范围而言，本区经济仍相对落后，《尚书·禹贡》记载全国九州土地利用情况，属于江南的梁、荆、扬三州列于第七至九等。《禹贡》成书于战国，可见当时这地区土地开发远逊于黄河流域的六州。其原因除平原少于北方外，当时铁制农具和牛耕主要普及于北方，江南地区仍停留在“火耕水耨”阶段。故在司马迁的笔下，这里是“地广人稀”，“江淮以南，无冻饿之人，亦无千金之家”。由于生产落后，商品经济不发展，贫富悬殊的情况尚不多见。

在东晋南朝时期，劳动人民将荒凉贫困的江南改造成为繁荣富饶的地区。这主要原因是：（一）北方人口大量南迁，带来了较先进的生产技术和文化。西晋末年，北方大乱，那里的汉族人民纷纷渡江南下避乱，在东晋初年几十年中，南移人口达到九十余万人。北方大约每八个人中就有一个南迁；南方人口中有六分之一为北来的侨民。有些地区南迁的侨民还超过了土著人口。如南徐州（今江苏镇江一带），共有人口四十二万人，其中二十二万人为南迁人口。（二）少数民族出山。南朝境内各少数民族有蛮、僚、俚、巴、蜀、越、溪等，以蛮、僚、俚人口最多，共约三百万人。南朝统治者为增加劳动力和士兵，往往对各少数民族征伐，俘虏“生口”，或拉拢各族首领，封以官爵，然后设“左郡”“左县”集中管理。大量少数民族人民出山进入平原，增加了社会劳动力。（三）南方战乱较少。南朝和北朝的战争大多集中在长江以北，只有梁末侯景之乱给南方造成了破坏。（四）部分统治者实行了一些有利生产的政策，促进了南方的发展。如东晋王导、谢安实行“镇之以静”的与民休息政策；宋初的刘裕父子统治时期的“元嘉之治”。（五）南方士族田庄的大土地所有制形式在南方经济特别是农业生产的发展上起了积极的作用。南朝农业生产模式除自耕小农外，大土地所有制大都以“墅”的形式出现。现今苏南地区常以“墅”的地名出现，当是六朝所遗留。墅本为居宅外的游憩之地，但东晋南朝的墅，实质就是大地主庄园。在会稽多山墅，在吴郡多田墅。墅除了大地主园宅，主要是农业土地。谢灵运的《山居赋》描述了一个农林牧副渔无所不包的自给自足的田庄的典型。庄园有严密的组织，其劳动力主要为佃客、部曲、吏、奴婢等。庄园虽然是建立在阶级剥削的基础上，但它在组织生产、开发南方经济上是起了一定积极作用的。

2. 东晋南朝农业的发展

南方农业的发展主要表现在：农业生产技术的提高、水利的兴修、荒地的开辟等。

南方在西汉时还处于“火耕水耨”阶段。所谓“火耕”，就是放火烧田，一种是在垦荒时，用火烧掉野草杂木；另一种是在正常生产中，在翻耕前烧掉上年的稻秆杂草。其作用主要是除草和施肥，同时可防治病虫害。“水耨”即在稻田中除草。写于北魏末的中国现存最早的农书《齐民要术》载其法是：“稻苗长七八寸，陈草复起，以镰侵水芟之。草悉胺死，稻苗渐长”。这是江南人民在长期生产实践中创造出来的一种耕作水稻的方法。北方人民大量南下，又给南方农业带来许多新的东西。

麦的种植得到推广，南方由单一的水稻区向稻麦区过渡。这是由于人口增加，需要更多的粮食；又北方人民以面食为主，于是统治者都十分重视麦的推广种植，多次下诏督令民间种麦。到东晋中期，太湖流域种麦已相当普遍。与此同时，北方的旱地作物如菽、粟、黍等也在南方落户推广。对增加粮食产量、丰富人民生活都具有重要意义。所有这些，都奠定了南方今天粮食生产的基本格局。

区田法。这是西汉氾胜之推行的一种精耕细作的园艺式的耕作方法。《齐民要术》说："区田以粪气为美，非必须良田也。诸山陵，近邑高危倾坂，及丘城上，皆可为区田。区田不耕旁地，庶尽地力。凡区种，不先治地，便荒地为之。"说明这种方法适合于丘陵山区，南方丘陵地多，故这种与旱作农业相适应的耕作技术的推广也很有意义。晋时有个郭文，"入吴兴余杭大辟山中穷谷无人之地……区种菽麦"，收到了"食有余谷"的成果。

粪肥与绿肥的使用。刘裕的功臣到彦之早先即以挑粪为业，说明宋初南方已开始使用粪肥。此外，江南一向有种绿肥的习惯。绿肥主要品种是苕草，即紫花草，学名紫云英。粪肥、绿肥的使用，对提高土地肥力、增加农作物产量都具有重要意义。

总之，东晋南朝时，南方农业已越来越精耕细作。牛耕的推广，不但使耕田速度加快，而且能深耕，使地力得到充分利用，产量也大为提高。水稻的栽培技术也有了发展，品种也有了改进。江南已有“国税再熟之稻”的说法，说明有两熟稻。在长江中游的江沔地区有利用温泉使水稻一年二熟或三熟的记载。（见盛弘之《荆州记》）

水利是农业的命脉。在汉以前，由于政治、经济中心在北方，重要的水利工程也大多在北方。东晋南朝时期，南方连续建立政权，为了发展生产，这些政权都重视兴修水利。南方水利工程主要有：

时代	名称	地点	灌溉面积
西晋	练塘	曲阿（今江苏丹阳）西北	100多平方里
西晋	吴塘	今江苏丹阳金坛	周围40里
东晋	新丰塘	曲阿（今江苏丹阳）	8万多亩
东晋	荻塘	乌程（今浙江吴兴）	10万亩
东晋	汉时旧堰	句章（今浙江慈溪西）	10万多亩
宋	六门堰	今河南邓县西	数十万亩
宋末	吴兴塘	乌程（今浙江吴兴）	20万亩
齐	赤山塘	今江苏句容西南	
梁	苍陵堰	今安徽寿县西	10万多亩
宋齐梁	芍陂	今安徽寿县南	100万亩

除了以上较大规模的水利工程外，其他中小规模的还不少。以太湖地区为例，乌程县有青塘、官渎、谢塘；武康县有五官渎、鄱阳汀；长城县有孙塘、富陂；曲阿县有吴塘、莞塘、单塘、谢塘、南北谢塘等。（见《中国太湖

史》135 页，中华书局 1999 年 5 月）小型水利工程更多，所谓“犹有富室，承陂之家，处处而是”。（《宋书·徐耕传》）这些水利工程，能扩大灌溉面积，防止水旱灾害，使农作物得到更好的生长。

东晋南朝时期，人们为了增加农产品的收获，除了充分利用现有的耕地，还致力于扩大耕地面积。土地的开垦主要有两方面：一是开发山区。往往在两山之间的开阔地首先得到开垦，种植果木等经济作物，称为山垄田。如会稽、永嘉、临海、东阳等郡都有这类山地。在浙东丘陵，会稽山和四明山之间，即以剡溪——上虞江（今曹娥江）为轴心的两侧，海拔不高，土地肥沃，适宜耕种，成为人们开垦的主要目标。谢灵运在会稽始宁一带的庄园，“凿山浚湖，功役无已”，“自始宁南山伐木开径，直至临海”。其田园，“田连冈而盈畴，岭枕水而通阡”，“南山则夹渠二田，周岭三苑，九泉别涧”。说明这里得到较大的开发。二是围湖造田，称为圩田。在湖泊沼泽的低洼之地，周围筑起长堤，把水引向河渠，使湖泊沼泽干涸，然后开辟种上庄稼。“圩”和“围”音同，都是同一种围田法。有些学者认为“围田”设施简单，而“圩田”有比较完整的水利设施，是“围田”的高级发展阶段。它们都是充分利用、改造低洼地、沼泽地而形成的农田。东晋南朝时，这种农田遍布于太湖、洞庭湖、鄱阳湖流域及会稽一带。如“荻塘在湖州府南一里余……晋太守殷康所筑，围田千余顷。后太守沈嘉重修。齐太守李安人又开一泾，泄水入湖”。（《嘉泰吴兴志》卷十九）刘宋元嘉间，开垦阳湖、临津、茭饶三湖田，得良畴数百顷。谢灵运在会稽的回踵湖、始宁的岯崲湖，都有湖田。孔灵符奏请在余姚、鄮（浙江鄞县东）、鄞三县开垦湖田。丹阳地区有金宝圩、永丰圩等。在长江中游也有这类田。宋张邵任雍州刺史，至襄阳“筑长围，修立堤堰，开田数千顷，郡人赖之富赡”。（《宋书·张邵传》）湖田有腐烂的有机物，十分肥沃，又便于灌溉，特别适宜种植水稻。

由于垦地面积的扩大，这时期增设了许多地方机构建制。汉时扬州的会稽郡，至东晋时，成为会稽、吴、吴兴、临海、建安、东阳、晋安等七郡；汉时的丹阳郡，东晋时成为丹阳、新都、宣城、毗陵四郡。荆州的长沙，也从一郡增加为四郡。

正是南北人民的辛勤劳动，使江南地区改变了落后面貌。南方经济发展较快的地区主要有：以三吴为中心的长江三角洲；以江陵为中心的荆州地区；以建康为中心的长江下游；以寿春为中心的淮海地区；鄱阳湖流域的豫章地区；交广地区；闽江流域；等等。《宋书》卷五十四《孔季恭等传论》中描述这一时期南方经济发展的状况时说：这里土地广阔肥沃，百姓勤于农业。一年丰收，周围几个郡都不会饥荒。会稽一带靠近湖海，良田有数十万顷，上等肥沃之地，一亩值一两黄金。荆州地跨旧时楚国富饶地区，扬州有旧时吴国的沃土，鱼盐丝绵的产业也有很大的发展。由此可见，经过魏晋南朝，江南地区已发展成为一个新的繁荣的经济区，与以长安为中心的关中经济区，以洛阳、邺城为中心的中原经济区相并列，成为当时中国的三大经济区。此后，这一地区越来越发展。由此，中国古代的经济重心逐渐南移。

二、北方农业的发展

1. 北朝土地制度和政府劝课农桑

西晋灭亡后，北方进入各少数民族建立众多政权并互相混战的十六国时期，广大汉族人民除了逃往南方、较安定的西北前凉和东北前燕外，留在中原的人，为了自救和抵御少数民族的掠夺侵犯，大多占据山中一些形势险要地区，周围修筑防御工事，据险自守，称为坞壁，或坞堡、壁垒等。这些坞壁大多由大族领导，坞壁中人多为同宗同姓，所以宗法关系极强，是一种血缘和地域混合的宗党关系。在坞壁中人为了生存，一方面建立武装以御外敌，一方面组织生产。由于生产资料极度缺乏，相互平等互助的公社气息会加重。如在新占荒地上出现某种程度的土地平均分配，即“计口受田”；人与人之间关系相对比较平等，基层官吏可以推选；等等。当然，这种状况不可能持久，随着生产发展，封建关系会得到加强。坞壁的存在，使十六国时期社会生产得到一定程度的维持和保护，所以是有一定的进步作用的。

十六国后期，北魏统一了北方。北魏政府把这种坞壁组织改造成为“宗主督护制”，作为社会基层组织。宗主多为大族，北魏政府让其负责征收租赋徭役。但在豪强大族门下劳动的广大佃客部曲，却受着比国家赋役还要重的剥削。即所谓“豪强征敛，倍于公赋”。为了和豪强大族争夺劳动人口，也为了把战争后大量无主空荒地与劳动力结合起来，以发展生产、增加租赋收入，北魏统治者把其建国初实行过的“计口受田”，改造成为均田制，向全国推广。均田制规定男子十五岁以上授露田四十亩，女子二十亩。因要休耕，授田时加倍或双倍。另外男子每人给桑田二十亩，还有宅地、菜地等。其新的租赋为一夫一妇帛一匹、粟二石。均田制和新的租调制使不少依附农民重新成为国家的编户，使土地不足的自耕农增加了耕地，从而提高了他们的生产积极性，国家也增加了租赋收入，北魏的农业生产从恢复阶段跃进到发展阶段。

除了均田制外，北魏政府还在国有土地上实行屯田。北魏初年，为解决军粮不足，在登国九年（394 年），道武帝命东平公元仪在黄河以北地区屯田，自五原（今内蒙古包头西北）一直到棝杨塞外（今内蒙古河套一带）。这里土地肥沃，屯田民达数万家。次年，后燕攻占五原，收到粮食百余万斛，说明收成不错。天兴元年（398 年），北魏击败后燕，攻克中山（今河北定州）等地，掳迁后燕境内十余万家至都城平城（今山西大同）地区，称为“新民”，实行“计口受田”。“新民”身份低于平民，高于奴婢，是带有半自由性质的国家依附民。到明元帝时，永兴五年（413 年），政府又两次徙民数万家至大宁川，发给农器，“计口受田”。这种把被俘人口安置在国有土地上劳动，其实质也与屯田相似。到太武帝时，太平真君三年（442 年），刁雍为薄骨律镇将，他在上表中曾提到“督课诸屯，以为储积”，七年（446 年）在奏表中，又提到高平、安定、统万和薄骨律四镇，运屯谷五千斛到沃野镇。这说明西北地区有不少屯田地区。孝文帝时，李彪曾建议取州郡户十分之一，实行民屯，被采纳实行。孝文帝又命宋弁在黄河以南的豫州设几处军屯，后又发展到淮河地区。如徐州有良田四十万顷，镇兵数万，徐州刺史薛虎子以士兵携带的绢帛购买耕牛，然后让一半士兵务农，一半且耕且守，收到较好效果。到北魏后期，袁翻任凉州刺史，为防御高车入侵，建议在凉州、敦煌、酒泉、西海等地实行屯田，得到批准。屯田，无论是民屯、军屯，在分配方式上也各有区别，但实质上多带有军事性质。它有严密的组织机构，收获物除维持农耕者最低生活需要外，主要归政府收有。其生产形式是集体进行的较大规模生产。屯田为北魏政府创造了巨大的物质财富，它和均田制一样，是北魏农业经济的重要组织形式。

为了发展农业生产，北魏政府多次颁发诏令，严令各级地方官积极劝课农桑，并将此作为官吏考课的重要内容。同时，政府又一再下达省力役、广垦田、尽地利、废除苑囿、禁止杀牛等诏令，以发展农业生产。

通过上述种种措施，北魏在垦田面积、农业产量以及政府租调税额等方面，均比从前大为增加，一度出现府库盈积的现象。《洛阳伽蓝记》卷四记载："于时国家殷富，库藏盈溢，钱绢露积于廊者，不可较数。"话虽有点夸张，但大体上能反映出北魏后期农业生产和社会经济的发展。

2. 北朝农业的发展

北魏时期，为发展农业生产、开发边地，政府修建了不少水利工程。如东平公元仪在塞外屯田，曾引黄河水灌溉农田。太武帝时，薄骨律镇将刁雍主持修建了在富平县（今宁夏吴忠县南）西南艾山一带的截黄引水工程，完工后可浇灌官私农田四万余顷。这是古代首次明确记载的截黄工程。孝文帝时非常重视修建水利工程，多次下诏"各修水田，通渠灌溉""各通水田"等。宣武帝接受崔亮建议，修浚汴、蔡二渠，完工后，对农业生产和运输业都带来好处。孝明帝时修建的水利工程有两项：一是修复白沟。这是曹操时修的运河，遏淇水入白沟，年久失修，都官尚书杨椿负责疏通旧渠，重新筑堰，便利了运输和农业。二是修复督亢渠、戾陵堰等工程。由幽州刺史裴延俊负责修复，工程完成后，“溉田百余万亩，为利十倍”。

东西魏时，也屡次兴建水利工程。东魏定都邺城（今河北临漳西南）后，引漳水入渠，灌溉农田，名万金渠。西魏宇文泰修复关中的白渠，“开白渠以溉田”。又修浚泾、渭诸渠堰，在富平县筑富平堰，在武功县筑六门堰，使故有渠道得以重新使用。

北魏还在兴修水利工程的基础上，利用水力，提高粮食加工效率。如崔亮奏请洛阳张方桥东堰，利用谷水，造水碾、水磨数十区，大大减少了人力，提高了效率。东魏时，大臣高隆之也利用漳水，在邺城造水碾硙，方便了百姓，使水力得以充分使用。

北朝农业的发展表现为农具种类的繁多。当时犁和牛耕早已得到广泛使用。北魏新出现的整地农具主要有用于耕地后碎土的铁齿𨰻䥆、劳等。铁齿𨰻䥆是一种铁齿的人字耙，耕地后，再用牛拉耙，人立其上，驱牛来回耙土，把大土块耙碎，同时用手将齿耙间杂草拿掉。劳是用树条编织成的无齿耙，又称“耢”“耱”。在播种前使用劳，可使田更平，土更细润，更有利于保墒。在播种农具上，有两脚耧、一脚耧和窍瓠等。早在西汉时已有三脚耧，北魏时出现了新的播种器两脚耧和一脚耧，属于条播，使用于大小麦、豆类作物。窍瓠也是一种新型的播种工具，窍瓠里可装种子，上有孔，可使种子漏出，人将窍瓠系在腰上，边走边使种子漏入沟内。此外还有挞和锋。挞是播种后覆土的工具，锋是中耕的农具，形似锹，犁头小而锋利，用于中耕除草。各种新农具的出现，表明北朝农业比以往更进步了。

在耕作技术方面，当时人们已总结出一套耕、耙、劳相结合的精耕细作的耕作技术。就是用铁犁翻耕土壤，再用耙破碎土壤中的较大土块，减少土块中大缝隙，减少水分蒸发，同时起熟化土壤的作用。再用劳磨碎土块、磨平地面，进一步减少土壤水分蒸发。这一套耕、耙、劳三者结合的精耕细作体系，对旱地农业的抗旱保墒有重要作用。在时机方面，人们总结出“秋耕欲深，春耕欲浅”。因冬季田间空闲，秋耕深了，可将心土翻上，经冬季冷冻风土，可使土地熟化，养分释放。而春耕后，就要播种，因此不能将心土翻上，因无时间风化，同时水分损失也大，所以要浅些。另外，在耕地时，犁条要狭窄，才可以耕得细透，牛也省力。在耙地方面，春耕后，要求随即耙细，秋耕后等到土壤干得发白再耙。这样划分时间，既有利于保墒，又不至于使土壤坚硬。

《齐民要术》十分重视中耕锄草的作用，认为一可以保墒，防止水分蒸发；二可以增产，无论五谷、蔬菜、瓜类都要多锄才能增产；三是提高品质，锄地除了除草，还能使土壤熟化，产量高，糠皮薄。至于中耕的次数和深浅，《齐民要术》认为谷、黍可锄三至四次，胡麻、大豆只要两次。头锄时，苗小，应浅锄；二锄要深，是为了促进发根；以后根系发达了，三锄、四锄又要转浅，以免伤根太多。

由《齐民要术》看，轮作制已广泛采用，而且人们已认识到多种作物间的相互适宜性。因为土壤里含有各种各样的养分，而每种作物都各有几种特别需要的养分，如只种一种作物，会使土壤中的养分发生缺陷。实行轮作，可避免这种现象，提高土地的利用率。书中说，谷物的“底”（即“上茬”）最好是豆类，小豆的“底”最好是麦子，瓜的“底”最好是小豆，葱的“底”最好是绿豆。除了轮种，还有套作。如葱里可套种胡荽，麻里可套种芜菁等。《齐民要术》一书中，共记述了二十多种轮作方法，而西方，6世纪的欧洲，农业还处于“三田制”，靠休闲恢复地力。

在施肥方面，《齐民要术》特别重视绿肥的作用。该书说，用过豆科作物做绿肥的地里，谷子的产量能提高。秋天时耕种长着茅草的土地，最好让牛羊先去践踏，然后进行深翻。这样草埋在地里做肥料，就像施了粪肥一样肥沃。用牛踏粪是人工堆肥，即秋收后每天把蒿秆放入牛栏中，厚三寸，利用牛粪尿和牛践踏，使粪尿和茎秆混合，然后每天早晨收拢堆积，一冬可获三十车粪。

我国农作物的品种资源十分丰富。北魏的粮食作物品种远远超过了前代。贾思勰在书中共记载了粟的品种九十七个，其中八十六个是他搜集补充的。其他水稻有二十四个品种，大小豆有七个品种，等等。粮食作物的品种如此丰富，是因为当时已建立了划分品种的标准。如谷类（即粟）就是依据成熟期早晚、苗秆高矮、产量多少、质性强弱、味道美恶、粒实等六个方面划分。而早熟、矮秆、抗旱性强、高产、优质，正是人们追求的目标。

在留种方面，《齐民要术》非常注意选择良种的必要性，认识到要保持品种的纯净；指出品种混杂的弊害是：谷物成熟迟早不一致；舂米时出米率低；不易舂均匀；出卖时，人家嫌混杂而不愿意要；煮饭时夹生夹熟等。为了防止品种混杂，粟、黍、穄、粱、秫，都要年年分别收获。收时挑选长得好的、颜色纯净的穗子，割下来挂在高处，到春天脱粒，与大田分开单独下种，留作第二年的种子用。种子田要多锄地，收割后要单独保存，用窖埋贮藏。在收取瓜种时，要选最早结出来的瓜留取种子，而且要截去瓜的两头，拣取中间部分的种子。这种方法至今北方仍在使用。

北魏时，见于《齐民要术》的蔬菜品种已有三十余种。并能运用间作和套作技术。《齐民要术·杂说篇》说，如离城郭近，务须多种瓜、菜、茄子等。如果有十亩肥沃之地，应选其中五亩，二亩半种葱，二亩半种其他菜。可种蔓菁、莴苣、萝卜、芥、葵、白豆、小豆等。可见已经形成比较复杂的多种经营方式。此外，对如何修农田大小道路，如何下基肥、追肥，如何浇灌，都有所论述。如提取井水，提出井深用辘轳，井浅用桔槔。《齐民要术》对当时主要蔬菜，如瓜、瓠、芋、葵、蔓菁、蒜、薤、韭等二十五种菜，都有详细的从种到收的栽培方法的总结。其共同要求是“粪大水勤”，基肥要足，追肥要勤，灌溉要勤。只有这样，才能成熟快，产量高。

北魏时，北方人工栽培的果木种类已很丰富，在《齐民要术》中，已有种植枣、樱桃、葡萄、李、杏、梅、梨、栗、榛、柰、林檎、柿、石榴、木瓜等果木的多种具体方法。仅种植法就有播种法、栽植法、插条法、埋条法、嫁接法等。如石榴用插条法，葡萄、柰、林檎用埋条法，梨、柿等用嫁接法。播种法即培育实生苗，要留下味最好和最肥大的果实作为种子。如种桃，要把熟桃连果肉一起埋在粪地里，第二年春天再把它移到种植的地上，这样的桃树成熟早，三年即可结果。插条法即扦插法，可使果树提前结实。如李树本来要五年才能结实，用扦插，三年便可结李子。嫁接的树枝要在向阳的一面剪取，因这种树枝能结较多的果实。如嫁接梨树最好用棠树或杜树做砧木，砧木要粗壮，嫁接最好在梨树刚发芽的时机，嫁接时为防止砧木发生破裂，应在树桩上先缠上十几道麻绳。诸种方法中，嫁接方法发展最快。书中对多种树木嫁接作了详细论述。在果树栽培移植的过程中，已能自觉遵循果木的自然生长规律，不违背其生长习性。认识到适于在阴地生长的果树，不可强移至阳地，反之亦然。在移植大果树时，还要注意它的阴阳面，原先朝阳的，移后仍需朝阳。至于小树，则不必注意这一点。此外，对果树的行距、除虫、施肥、收获等环节，也因对象不同而有不同要求，表明那时果木栽培技术之高。

三、畜牧业的发展

1. 北朝官营牧场和畜牧业的发展

两晋南北朝畜牧业以北朝最为发展。

北魏是鲜卑族拓跋部建立的政权。拓跋鲜卑兴起于大兴安岭嘎仙洞一带，即今内蒙古的呼伦湖区，后迁至阴山地区，从事游牧经济。他们的祖先拥有强大的骑兵部队，不断对外征伐，从其他少数民族中获得大批劳动力和牲畜，又占有不少水草丰美之地，使其畜牧经济不断扩大。北魏的前身代国在什翼犍时共有骑兵数十万，马百万匹。从 386 年北魏建立，到 431 年夏国灭亡，共四十五年中，北魏在征服各少数民族的二十三次战争中，俘掠了大量劳动人口，以及马牛羊驼驴等共约二千一百多万头。此后，在南下征服中原地区的过程中，拓跋族开始发展农业经济，同时，仍保持其畜牧业生产。北魏共建立四个官营牧场。

代郡（北魏所置郡，治所在平城，即今山西大同市）畿内牧场。天兴二年（399年）道武帝拓跋珪大破敕勒三十余部，俘七万余口，获马三十余万匹，牛羊一百四十余万头。卫王拓跋仪从大漠西北进击，复破敕勒遗类七部，俘二万余口，获马五万余匹，牛羊二十余万头。道武帝将敕勒降民和牲畜驱至平城附近建立起牧场，称为“鹿苑”。纵横数十里。牧场南起台阴，北据长城，东包白登，西至西山。423年，北魏在长川之南，东起赤城，西至五原，筑起长达两千余里的长城。446年，北魏又在京畿地区筑“塞围”，东起燕州上谷，西至黄河，长达千里。长城和塞上围，主要在于捍卫京都平城，同时也是为了保护畿内广大地区的农业和畜牧业生产。

漠南牧场。神䴥二年（429年）六月，魏太武帝拓跋焘北征柔然，前后降者三十余万落，获戎马百余万匹，牲畜车庐，弥漫山谷。八月，又使左仆射安原讨伐敕勒诸部，降者数十万落，获马牛羊百余万。十月，魏主徙柔然、敕勒降附的新民于漠南，东至濡源，西及五原、阴山，在东西三千里中，“使之耕牧，而收其贡赋”。命长孙翰、刘洁、安原、古弼等四将镇抚。漠南地区（即稍后的六镇）及其以北地区，其经营方式，大概是保留原部落组织，而收取贡赋。由于这里人畜众多，生产繁荣，数年之后，马牛羊及皮革等价格下降。但由于将吏压榨，敕勒民多次掀起反抗斗争。后六镇建立，牧场和牧民便归镇府管辖，向半耕半牧的个体农牧民发展，这个畜牧业基地也逐渐瓦解了。

河西牧场。始光四年（427 年）太武帝进军统万，后破大夏赫连昌，平统万，获马三十余万匹，牛羊数千万头。太延五年（439 年）灭北凉，获牛马畜产二十余万。同时姑臧城外四部鲜卑三万余落降附，获杂畜十余万头。这时自凉州到黄河河套地区，全归北魏管辖。凉州地区历来是匈奴人畜牧繁息之处，北魏政府利用这里水草丰美的自然条件，建立了河西牧场。这里畜牧业兴旺时，有马二百余万匹，骆驼百余万头，牛羊无数。这个牧场从魏初建立直到魏末，存在近九十年。

河阳牧场。太和十八年（494 年）孝文帝迁都洛阳后，命都牧给事宇文福在洛阳北部规划一个牧场，因在黄河之北，太行山南麓，故称“河阳”。其中心地带汲郡（治所在汲县，今河南汲县西南），本为汉代放牧之地。孝文帝将代郡牧场的大部分杂畜，移往河阳牧场，并置戎马十万匹，以备京师军警之用。这个牧场实际上是将京畿代郡牧场，移至新都洛阳附近。它一面保证供给军用戎马，一面提供北魏皇室和大批官僚生活上的奶、肉、毡皮之用。

北魏四大官营牧场，都是在官府土地上，靠征服柔然、敕勒、匈奴、卢水胡等各少数民族、利用其劳动力和大批牲畜建立的。在牧场中，大多数少数民族人民成为牧民或牧子，子孙世袭，在北魏官吏的监督下，从事艰苦的劳动。其身份地位是属于半牧奴性质，只有经过朝廷的放免，才能变为郡县的个体民户。在北魏末年各族人民起义中，牧民牧子起义成为一支重要力量。

北魏的官营牧场，在我国畜牧史上具有突出的地位。其繁荣景象，汉、唐也不能与之相比。汉代及唐天宝年间马的总数约三十万匹，不到北魏河西牧场马总数二百万匹的七分之一，唐天宝时牲畜总数为六十余万头，约为北魏河西牧场马驼总数的六分之一。

除官营牧场外，北魏私营畜牧业也较发达。国家为军事需要，把马、牛作为税收对象。永兴五年（413 年）朝廷下诏诸州：六十户出戎马一匹。泰常六年（421 年），又下令二十户输戎马一匹、大牛一头。同年，又下令六部民羊满百口，输戎马一匹。这种状况，说明私营畜牧业的发达。私营畜牧业中主要是拥有相当多牲畜的大畜牧主。如尔朱荣的父亲尔朱新兴，“牛羊驼马，色别为群，谷量而已”，即数量多到数不清，只能以有多少山谷来计量。民间百姓的个体家庭，虽然牲畜数量不多，但由于其人数众多，牲畜总量也是不少的。

北魏前期畜牧业的繁荣，对其实现统一北方和国势强盛关系极大。北魏军事力量的强大，主要靠骑兵，其他如驼牛运输、弓弦战具、毡皮等军用物资，都离不开畜牧业。而皇室、贵族和人民的肉食品、奶酪、毛皮等物资，也不能脱离畜牧业的发展。

2. 畜牧技术的进步

北魏官营及私营畜牧经济的发达，与先进的畜牧技术是分不开的。首先是家畜优劣的鉴定技术的提高。尤其是对马，其鉴定手段远远超过前人。北魏养马业极盛，人们从大量马匹饲养中积累了丰富的经验。《齐民要术》较详细地记述了“相马术”。它是根据马身体各部分的重要性确定鉴别次序的：“马头为王，欲得方；目为丞相，欲得光；脊为将军，欲得强；腹胁为城郭，欲得张；四下为令，欲得长。”又提出要淘汰严重失格的马，即“三羸”“五驽”。“三羸”的特征是“大头小颈”“弱脊大腹”“小胫大蹄”。“五驽”指“大头缓耳”（耳朵弛缓下垂）、“长颈不折”（颈细长不弯曲）、“短上长下”（躯体与四肢比例不相称）、“大髂短胁”（躯体前后发育不相称）、“浅髋薄髀”（后肢骨骼与肌肉发育不良）。此外，对马的耳、鼻、唇、齿、颈、臀、尾、毛色、年龄等各方面都有所论述。如认为两耳距离要相近、朝前方竖起，耳朵要小而厚；鼻孔要大，“鼻大则肺大，肺大则能奔”；上唇要紧，下唇要松，上唇要方，下唇要厚而多皱纹。我国相马有悠久的历史，历史上著名的相马专家有伯乐、秦牙、韩风等人。汉代有相马专书《相马经》，还有铜铸的良马模型。东汉马援的相马术是有师承的，他列举了代代相传的老师名字。

贾思勰不仅把历史上相马资料汇编整理出来，更是把当时北方少数民族丰富的相马经验加以总结，大大丰富了这方面的知识。

在牲畜的饲养管理方面，《齐民要术》里总结了很多经验。关于养马，贾思勰指出，马饿时给比较差的饲料，饱时再给好的，这样马可以多吃，因而肥壮。饲料要铡得细，粗了，马吃了不会肥壮。喂水有“三时”，早上要少，中午可多饮一点，晚上要过夜，可尽量饮水。饮水后，要让马小跑，出汗消水。在谈到羊的放牧时，要点是“春夏早放，秋冬晚出”。还要注意“缓驱行，勿停息”。因为停歇不走，羊不吃草，就会瘦。北魏时饲羊的草料是以大豆谷子混播，听其自然生长，然后割青。这种割青的料草叫青茭。要在秋天割取青茭或野草做储存饲料。用这时割的草营养好。积茭的方法是：在高燥处，用树枝直插围成园的栅栏，中放青干草，让羊在栅栏四周抽草吃，如不竖栅栏，让羊在草上挤来挤去，草都踏坏了，连一根干净的草也吃不上，羊就会饿死。贾思勰还对家畜的选种留种十分重视，认为腊月、正月生的羊羔留种最好。因为如八至十月生，进入冬季，母羊已没有奶了，春草还未长出，小羊便长不好。三至四月生，虽有春草，但羊小不能吃。五至七月生，羊羔热，母羊也热，最不好。十一月至次年二月生的，母羊怀孕后长肥了，虽然已无青草，但母羊不会瘦，待母羊快无奶时，青草已长出来，所以是好的时候。

贾思勰还提到，肉用的小猪，生下来第三天就要掐尾，满六十天后再阉割。这样猪会长得肥大。现在证明这是十分科学的。说明我们的祖先早在一千五百年前已在生产实践中总结出了这一宝贵的经验。

《齐民要术》收集了我国古代兽医药方共四十多个。其中医马的三十个，医牛的十个，医羊的七个，其他有兼医牛马的一个，医驴的一个。如发现马消化不良症，就用三升麦芽末拌在草料里喂马；如马有鼻脓症，就用食盐放进马鼻里；对于生疥癣的马、羊，要用雄黄、柏脂、藜芦根等治疗；对于带传染病的牲畜，要隔离饲养，以防止蔓延。

北朝时对于家畜产品的加工技术，也大大超过了以往。例如，以羊毛为原料，有“作毡法”；以牛、羊乳汁为原料，有“作酪法”“作漉酪法”“作干酪法”；以马、驴乳汁为原料，有“作马酪酵法”。另外，还有皮革制品加工业，也是种类繁多。这些畜产品加工业，为人们提供了众多的食品和生活日用品。

第二章　手工业和商业

一、西晋十六国时期的商业

1. 西晋商业的畸形发展

西晋建立并统一全国后，随着战争的结束，农业经济得以恢复和发展，商业也有所发展。“豪人富商挟轻资，蕴重积，以管其利。”（《晋书·食货志》）富商大贾依靠其雄厚的资本，往来各地经商牟利。为此，在交通线上开出了相当多的“客舍”，即旅馆。洛阳是当时主要的商业城市，交易在“市”内进行，有三个市，金市在大城西，牛马市在大城东，南市则卖各种商品，如饼、茶粥等，还有各种玩要。官府对市内营业的商贾征收市租，成为国家的重要收入。在各地渡口等处，也还有关津之税。对外贸易也有更好地开展。周边众多国家的使者来贡献，又带回中国丝绸等物产，实际上是一种贸易活动。

但是，由于西晋政权是世家大族的政权，门阀制度已进一步确立，门阀贵族十分贪婪、腐朽，使西晋商业发展受到很大的限制，其发展的往往限于奢侈性商业。

商业是商品经济发展的结果。商业发展的前提是有丰富的商品存在。但西晋时期无论是农业上的农产品和手工生产的各种手工业制品都受到很大限制。在农业上，门阀贵族占有大量的土地，役使大量的依附人口如佃客、部曲、奴婢等，其经营方式主要是大田庄。田庄是以自给自足的自然经济为主，其产品主要供自身消费，少有出售。如石崇在洛阳西北金谷涧，有大田庄，即“别业”，不仅有十顷土地，还有水碓、鱼池、羊鸡猪鹅鸭、竹梅果品、药草等一应俱全。潘岳在洛水边上也有大田庄，其中有竹、梨、柿、枣、李、桃、梅、杏、樱桃、石榴、葡萄、葱、韭、蒜、芋、荠、笋、葵、姜等。这种田庄经济的存在，大大缩小了商品经济的范围。在手工业方面，战国秦汉时，在官营手工业外，有大量私人手工业者存在，其原料、劳动者生活资料均需市场供应，由此商品交换增加，商业得到发展。东汉末三国时，战乱频繁，城市破坏，手工业者流失。三国时，各国统治者为兵器、车船、宫廷用品等需要，致力于恢复官营手工业。手工业者主要是俘掠或征发来的“百工”，官府对他们控制很严，用军事编制方式进行管理。西晋时仍如此，百工与士卒一样，有特殊户籍，身份世袭。百工生产的产品很少出售，主要是为自用，其原料也是官府自己开采，或向民间征收，不向外购买。百工的生活资料也不仰给市场，这就大大缩小了商品生产范围。

由于与大众生活相关的商品生产受到限制、社会上自给自足的自然经济加强，于是商品就向供应豪门大族奢侈品的方向发展，这就使商业出现了畸形的发展，即奢侈品的商业特别发达。

晋武帝司马炎在280年平吴前还提倡“去奢即俭”，此后就一天比一天荒淫奢华起来，后宫有后妃宫女近万人，又公开卖官；豪门大族纷起效尤。西晋皇室和当权官僚以及众多门阀贵族构成了一个荒淫奢侈的腐朽集团。他们一食万钱，名贵的珊瑚树任意敲碎，婢女都穿绮罗。奢侈的生活造成了奢侈品商业的发展。而这种商业也多为有财有势的贵族官僚所经营，私营的中小商人则受到排挤。

西晋官府没有铸钱，但地方上可以铸钱。现传世的“太平百钱”，据考是西晋益州刺史赵廞据成都时所铸。西晋社会上流通的主要是汉魏五铢钱和以前的古钱。由于钱币不足，故朝廷赏赐、救济多用帛。社会上是谷帛与钱币并行。

2. 十六国时期北方商业的衰落

从304年匈奴族刘渊建立汉国，到439年北魏统一北方，历时一百三十六年，历史上称为“五胡十六国”时期。这是中国历史上政权林立、战乱频仍的时期。北方人民为了避乱，往往聚族而居，据险自守，称为坞壁，它与外界基本隔绝，形成典型的封闭式的自给自足自然经济。商业只是在偶然的极小范围内进行，而且往往是实物交换；或使用布帛谷粟等实物货币。所以这一时期是商品经济与货币极度衰落的时期。近年来，在新疆吐鲁番市阿斯塔那、哈拉和卓两地的多次发掘中，出土一批十六国文书。除个别《随葬衣物疏》偶然记有“铜钱”数枚、金银若干外，很少涉及钱币。一般买卖、借债都以布帛计算支付，雇工也用绢做工资。

但是，社会发展总是不平衡的。这一时期在一些相对安定的边缘地区，或一些政权短暂统一北方后的相对安定时期，社会经济有了恢复和发展，商业与货币也得到一定程度的恢复：

前凉（301—376），是汉人张轨建立的政权。西晋末，中原大乱，很多汉人避难到凉州。张轨任晋凉州刺史都姑臧（今甘肃武威）。张轨劝课农桑，设立学校，把自己管辖地区治理得较好。303 年太府参军索辅建议张轨说：“晋建立以来，河西地区荒乱，不再用钱，而用布帛，使用时一匹布分裂为几段，布既遭破坏，交易又难。现在中原虽乱，我们地区还较安全，应该恢复五铢钱的使用。”张轨采纳了这个正确建议，开始铸造铜钱。“钱遂大行，人赖其利”，促进了经济的发展。1983 年陕西出土一枚

"凉造新泉"，直径1.8厘米，重1.5克，类似西汉小五铢钱。此钱极为罕见，传世总共四十余枚，有人认为即张轨铸造的铜钱。

后赵（319—352），*是羯人石勒所建立*。石勒灭前赵统一北方后，发展生产，制定租赋，兴办学校，提倡佛教和儒学，使社会相对稳定和发展，是十六国中比较好的一个政权。由于经济的恢复，商品流通也发展起来。在城市里，特定的商业区域即市中，不仅有商业活动，行人众多，而且又是行刑示众的场所。后赵设丰国、渑池二冶，丰国也有市，"五日一会"，是定期市集。石勒很注重做生意，他特地写信给东晋将领祖逖，要求南北通使互市，以收商利。东晋荆州牧陶侃也遣使聘于石勒，由此得致江南之珍宝奇兽。后赵全盛时与周边各族及西凉政权之间的贡献或聘使贸易也时有发生。

由于商业的恢复，石勒开始铸钱，名"丰货钱"。以"丰货"为名，说明石勒认为货币可以促进经济的繁荣发展；这是对货币作用的比较深刻的认识。传世的"丰货钱"有两种：一为隶书，一为篆书。篆书分为有内廓和没有内廓两种，径2.5厘米左右。石勒虽然铸了钱，但推入流通领域并不顺利。由于长期使用谷帛交易，民间对用钱并不乐意。"而人情不乐"。于是石勒拿出绢来购钱。中绢每匹换一千二百钱，下绢换八百钱。百姓私买则是中绢四千钱，下绢二千钱。有人贱买私钱，再抬价卖给官，由此犯罪处死了十多人。最终钱还是不能流通，“丰货钱”不得不自行消亡。

前燕（337—370），是鲜卑族慕容部慕容廆、慕容皝父子所创立的政权。慕容部原来分布于辽东和辽西，元康四年（294年），慕容廆把都城迁到大棘（今辽宁义县西）。西晋末年，中原大乱，许多大族率领其宗族、乡里流亡辽东。慕容廆在辽水流域设立侨郡以统流民。结果流民数达到旧有人口的十倍。流民对辽东地区经济开发起了重要的作用。咸康三年（337年）慕容皝称燕王，建立前燕，迁都龙城（今辽宁朝阳县）。他下令把皇宫花园及狩猎场地分给无田的贫民，有利于农业生产的发展；又下令“百工商贾”中多余的人驱归农业，说明前燕商业发展有限。但是，随着经济的发展，商业毕竟是需要的。慕容部与宇文部相争，慕容翰（慕容廆庶长子）遭弟慕容皝所忌，投奔宇文部，慕容皝派商人王车去宇文部察看慕容翰情况。慕容翰表示遭宇文归所忌愿意回国，慕容皝同意，再次派王车送去弓矢，后慕容翰带了两个儿子回到了故国。由此可见，商人在当时的地位和作用，说明辽西地区与各地的商业往来已有相当发展。

前秦（350—394），是氐族苻氏所建立的政权。苻氏世为西戎酋长，苻健进入长安，据有关陇，称帝，建立前秦。他为缓和矛盾，崇尚儒学，轻徭薄赋，发展贸易，苻健任苻菁在丰阳县（今陕西山阳县）立荆州，招徕远商，引进南方的弓、漆、蜡等货物，使国用充足。到苻健侄苻坚称帝时，重用小商贩出身的寒门王猛，实行改革，加强集权，奖励农桑，发展生产，兴修水利，使关陇地区社会安定，百姓丰乐。从长安到各州的大路两旁，种了许多杨树、柳树、槐树，二十里一亭，四十里一驿站，旅行者可以沿路取得供给，贸易车辆往来不绝。民间歌谣唱道："长安大街，夹树杨槐，下走朱轮，上有鸾栖。"说明在农业恢复基础上，商业也活跃起来。由此国内出现了家财千金的富商。大商人赵掇、丁妃、邹瓮等车辆服饰的华丽，与王公贵族相仿，后又成为"国之二卿"。大臣程宪上奏，认为赵掇等商人车马衣服僭同王者，为藩国列卿，"伤风败俗，有尘圣化，宜肃明典治，使清浊显分"。被苻坚采纳，下令商人不得穿金银锦绣，不准在都城百里内乘车马。这件事说明商人的财力实际上已十分强大，也说明商业的发展。

虽然有以上事例，但总的来说，十六国时期商业是衰落的，这一时期是自然经济占统治地位。

二、东晋南朝的手工业和商业

1. 手工业的发展

南方手工业原来就有较好的基础，东汉末，北方有大量手工业工人南下，加上南方战争较少，因而东晋南朝时期南方手工业更加发展。

冶炼业。早在春秋时，南方已经发展了冶铁。三国以后冶炼业无论官营或私营都很发达。东晋南朝冶铁业主要为官营。江南有名的冶铸作坊有梅根冶（今安徽贵池东）、冶塘冶（今湖北武昌东南）和中央设置的东西二冶，规模都很大，产量也高。梁朝为了堵塞淮水来灌北魏的寿阳城，在淮上筑堰，堰将成，被水冲决。有人说，淮水多蛟，其性怕铁，于是梁武帝命东西二冶的铁器共数千万斤全部沉入堰处，结果也没有成功。由此可见当时冶铁规模之大。南北朝时冶炼技术的新成就是“灌钢”技术的发明。这种炼钢方法是把生铁和熟铁混杂在一起冶炼，效率高、品质好、成本低、工艺简便。

纺织业。当时用麻织成的布品种较以前增加，有越布、香葛、细葛、南布等。其中高级织品极为精巧，以致刘裕因其“精丽劳人”而下令禁织。由于技术改进，到南朝末年出现了晚上浣纱而第二天早晨成布的“鸡鸣布”。丝织业也有很大发展。刘裕灭后秦，曾把关中锦工迁往江南，成立锦署。此后南方高级丝织业有了进一步发展。如丝织品罗縠要花一个月织成，制成幔后，内外相视，飘飘然如烟雾。南方还培养出优良桑种，豫章、永嘉、闽中等地，出现了一年四熟、五熟、八熟的蚕。

制瓷业。带有光泽青釉的瓷器，称为青瓷，是中国瓷器的鼻祖。东晋南朝是青瓷发展的成熟阶段，青瓷烧造成为专业。当时的瓷业以越窑（在浙江上虞、余姚、绍兴一带）规模最大，产量最高，质量最好。这里青瓷使用的原料土黏度高，质地细，耐火力强，含有铁质，釉色灰青，透明而润泽，洁莹如玉，在当时已经能够大量生产，为南朝上流社会广泛使用。近年来江苏、浙江六朝墓葬都有青瓷出土。1953 年至 1976 年发掘的江苏宜兴西晋大将周处家族的六座墓葬出土了一大批青瓷器。其中神兽尊工艺复杂，是青瓷中的精品，熏炉极为精巧，表现了高度的烧制技术，还有仿生活用品的青瓷杵臼、火筛、畚箕、水桶、猪圈等。说明青瓷用途已在生活中十分普及，它已逐渐代替漆、木、竹、陶、金属制品，显示出胜过其他材料的优越性质。

造船业。东晋南朝时期，南方造船业在秦汉三国的基础上又有了新的发展。建安郡的侯官（今福建闽侯）、番禺（今广州市）都是造船业中心。湘州（治所临湘，今长沙市）也是制造大船的据点之一。湘州七郡所造的大船，多重达万斛（约合今 500 吨）。东晋末年桓玄曾率船舰二百艘与刘裕大战于峥嵘洲（今湖北黄冈西北长江中）；卢循、徐道覆北伐，有八槽舰九艘，皆四层，高十余丈。东晋末年建康一次风灾，据说损失的船只达一万艘。梁时大船的载重量已达二万斛（约合今 1000 吨）。

造纸业。中国在汉代已发明造纸术，到南朝造纸业又有了更大的发展。在原料方面，90%仍为麻，此外，又发展到桑皮、藤皮、稻草、麦秸。南方的“藤角纸”是上品，质地优良，常用作文书。藤是野生植物，角是量词，古公文一封为一角，一张纸也称一角，故叫“藤角纸”。在品种上，除白纸外，还能制造青、赤、绿、桃花等色纸。白纸比汉纸更平滑、细薄、洁白。梁萧詧《咏纸》诗云：“皎白犹霜雪，方正若布棋。”纸的产量也有很大提高。萧纲做太子时，把四色纸三万张送人。王羲之曾送谢安纸九万张。南朝纸已不再是贵重难得之物，它已完全代替了竹简和绢帛。

手工业的发展，对商业和贸易的发展有很大促进作用。

2. 商业和城市

在两汉时期，南方商业活动还较少。“楚越之地……不待贾而足。”（《史记·货殖列传》）到三国时，吴、蜀之间商业已有所发展，成都的锦被贩卖到了吴地。东晋以后，江南地区更是“人竞商贩，不为田业”。（《隋书·食货志》）荆扬两州地处长江中下游，是东晋南朝立国的根基，这里商业特别发达。“荆城跨南楚之富，扬部有全吴之沃，鱼盐杞梓之利，充仞八方，丝绵布帛之饶，覆衣天下。”（《宋书》卷五十四传论）闽江和珠江流域的商业虽然发展得晚些，但梁末大乱，人口向这里迁移，商业也发展起来。

商品交易中的货物，主要是粮食、布绢、马牛、盐、竹、木、鱼、纸、瓷器等，以粮食、布绢、盐为大宗。如齐时吴兴（今属浙江）农业歉收，而会稽（今浙江绍兴市一带）丰收，商人就会从会稽贩卖粮食到吴兴以牟利。梁末，会稽饥荒，陈宝应就从福州载粮食到会稽贩卖。附近地区交换的商品主要是农副产品，目的是调剂有无。随着南北贸易、海外贸易的发展，商品的品种也在不断增多。

商税的不断增多，从一个侧面反映商业的发展。东晋南朝的商税有估税、市税、关津税、杂税等。估税即交易税。凡买奴婢、马牛、田宅，有文卷的，钱一万，税输估四百入官，卖者出三百，买者一百。无文卷的小商品买卖，交易税叫散估，税率也是百分之四。市税在城市中设市的地方征收。如淮河北有大市百余，小市十余所，“大市备置官司，税敛既重，时甚苦之”。（《隋书·食货志》）关津税设在交通要道的渡口，税率为十分之一。如建康西有石头津，东有方山津，设有津主等官员，过津的鱼、炭等货均十分税一。杂税在货物流通的道路中征收。如宋大明八年（464年）诏书中说，由于去年农业减产，应发展商品流通，贩卖米粟的，“可停道中杂税”。此外，还有地方性的过埭税。如会稽有牛埭税，即出租官牛以助船渡所收之税。

商业的发展与城市的发展有密切关系。东晋南朝时期出现了一批新兴的商业城市。京师建康（今南京市），既是政治、文化中心，也是经济中心和商业中心。梁时这里有二十八万户，约一百四十万人口。城中有四市，即大市、东市、北市，秣陵斗场市。此外，还有小市十余个。设市多，说明商业繁荣。东吴时发屯兵三万，开凿破岗渎，开辟了建康与太湖流域吴、会稽的水路交通航道，使三吴经济区的丰富物产经此运河进入建康，也刺激了沿岸商业的发展。在去建康的水路上，商船万计，桅樯林立。东晋时一次风灾，毁船达一万艘之多。京口（今镇江市）是建康的门户，既是军事要塞，也是商业都会。“东通吴、会，南接江、湖，西连都邑。”（《隋书·地理志》）宋刘裕为京口人，更尽力使其繁荣。这里也是士族官僚聚居地。如渤海刁氏南渡后居京口，有田万顷，奴婢数千。由于人口众多，商业也繁荣起来。吴（今苏州市）为吴郡治所，水陆交通便捷，民殷物繁，田赋所出，手工业也颇发达，故这里成为太湖流域最重要的商业集散地。山阴（今浙江绍兴），为会稽郡治所，东晋以来即为豪门大族聚居之处，市内商店很多。在山阴道上，商旅往来频繁。是两浙绢米交易的中心。三吴地区还有许多新兴的城市，如临海、永嘉、东阳（今浙江金华）、新安（今浙江淳安）、吴兴、义兴等，都以富庶著称。这个长江三角洲地带，可算是南方的经济重心。

长江中游的荆州是西部的重镇，“江左大镇，莫过荆扬”。荆州治所江陵（今属湖北），是长江中游的政治、军事中心，也是经济中心。当时雍州（治襄阳）、益州（治成都）、交州（治龙编）、梁州（治南郑）等地的物产如皮张、毛毯等都在此集散转输。襄阳地处汉水中游，也是“四方凑会”之处，为南北进行物资交换的枢纽。成都是四川盆地历史悠久的城市，“水陆所凑，货殖所萃”，（《隋书·地理志》）这里输出商品主要是锦、马等，与西南各族的贸易以此为中心，西域商人也经过凉州来此贸易。

广州的治所在番禺，这是南境最大的都市，也是商业和对外贸易的中心。“广州包带山海，珍异所出，一箧之宝，可资数世……故前后刺史皆多黩货。”（《晋书·吴隐之传》）由于富庶，官吏“在任者常致巨富”，以致当时有“广州刺史但经城门一过，便得三千万”（《南齐书·王琨传》）之说。

城市里的商业，主要商品是米、布、绢、鱼、盐、纸、竹、木、漆器、铁等，当然也有不少奢侈品，不过，与西晋相比，其比重已有所下降。这是历史的进步。

在都市，商品交易是在官设的特定的“市”内进行，市的四周有墙，由总门出入。市外为住宅区，少有店铺。在较大城市中，天天开市，但小城市则几天开一次市集。市内店肆林立。肆即是同类商品陈列在一起，形成同一行列。如卖葱的叫“葱肆”。市内另有“邸阁”，这是储存货物的地方，也是搞批发的必要设施。管理市的官吏在京师称“市令”“市丞”，京师以外称“市长”，负责征收市税。县以下的小邑也设有市，这是定期的市集，无围墙、市门。南朝宋时“凡百户之乡，有市之邑，歌谣舞蹈，触处成群，盖宋世之极盛也”。（《宋书·良吏传》序）这种乡邑之市，就是定期集市，在开市时还有戏曲舞蹈的节目表演，这是相沿已久的习俗。此外，在南北分界区，有互市贸易；在少数民族地区有“夷市”。置市贸易的普遍，说明商业的发展。

在城外交通要道，如渡口，也形成了临时的市，后逐渐成为固定的市场，叫“草市”。这是农村的集市贸易。草市最早可能是出售柴草、饲料，购买日常生活用品的。为运输方便，多在城外，日久成草市。草市的普遍出现，是商业向纵深发展的一个标志。

市内商品除了本地农业和手工业产品，也有是异地运输而来的，这就产生了地区间的批发转运贸易。地区贸易的发展，除了生产力发展的原因外，还与水陆交通工具如舟船、牛车等发达，以及道路、运河的建设密切相关。

东晋南朝的海上交通贸易也有较大的发展。如长江下游与辽东有贸易往来。东晋末孙恩、卢循起义时，转战于江苏浙江沿海，后卢循率义军沿海南下广州，再沿赣江、湘江北上，反映出沿海交通的发展。东晋南朝与朝鲜、日本交通贸易也日益增多。当时朝鲜正是高句丽、百济、新罗三国分立，他们都与中国朝廷互赠方物、往来不断。如百济使者向中国馈赠特产，南朝手工艺品也大量输入百济。南齐时高句丽“遣使贡献，乘船泛海，使驿常通”（《南齐书·东南夷传》）。六朝与南海诸国及西亚海上交通贸易更加发达。如宋末扶南国（今柬埔寨）“遣商货至广州”（《册府元龟》卷九九五），货物与使者然后经始兴（今韶关）沿赣江到建康。六朝时，扶南派使者来中国达三十多次，中国的制酒术和养蚕法也传到扶南。从中外高僧往来，也可见海上贸易的发展，许多僧人多是从海路往来于中国和印度。如法显从印度回国时，即乘商船经历狮子国（今斯里兰卡）、苏门答腊等地，最后再乘商船回到广州。海上交通贸易的发展对当时商业和中外交流产生了积极的影响。

3. 货币与货币政策

东晋南朝商业虽然有所发展，但作为商品交换的媒介货币却处置不当。币制混乱，新旧交错，时轻时重，盗铸严重，由此通货膨胀与通货紧缩交替发生，不但没有促进商品经济的发展，反而造成了妨碍和影响。

东晋是门阀贵族王、谢、庾、桓几个大族扶持下的政权，这一时期门阀制度已发展到了顶峰。东晋的货币主要是使用孙吴的旧钱，但大小轻重并行。大的称“比轮”，形容其大如车轮，指“大泉五百”“大泉当千”等大钱；中的称“四文”，一钱当四小钱用；小的称“沈郎钱”，为沈充所铸的“小五铢”。当时大钱多被官吏商人输往广州，卖给少数族人销毁改铸铜鼓，由是造成“钱荒”和“钱贵物贱”现象。通货紧缩现象一直持续到晋末宋初。元兴年间（402—404），桓玄辅政，曾提出废钱，专用谷帛，遭朝臣孔琳之等反对，终未实行。

南朝宋建国初，面临着钱币缺乏，宋文帝元嘉七年（430 年）开始铸四铢钱。这是自西晋以来一百五十多年间第一次由官府铸钱。钱文第一次标名“四铢”，是一个大胆的革新，标志着名称与实际重量趋于一致。宋初出现三十年“元嘉之治”，不能不说与这次铸币推动经济发展有关。到了元嘉后期，民间盗铸现象又出现了。市场上劣币充斥，良币越来越少。

元嘉二十七年（450 年），南北朝之间发生了一次重大的战争，经济更困难了。孝建元年（454 年），孝武帝即位后，周朗提出了废铜铸，以谷帛交易，未被采纳。孝武帝铸造了“孝建四铢”钱。这是第一个正统王朝所铸的年号钱。后来越铸越小，引起盗铸，因而犯罪者无数。由此造成的后果是“百物踊贵，民人患苦之”，（《宋书·颜竣传》）“商货不行”，严重影响了商品流通和社会稳定。

大明八年（464 年），前废帝刘子业即位，刘宋王朝更加腐败。永光、景和年间（465 年）铸二铢钱，细小，百姓也模仿铸造，更加细小，结果钱货败乱，一千钱叠在一起不满三寸，大小同此的叫“鹅眼钱”，比此更劣的叫

“綖环钱”。这些钱入水不沉，一碰即破碎，购物时由于太多无法计数。米一斗值一万钱。至此，商品流通已无法正常进行。

刘子业被杀，宋明帝刘彧即位。他首先禁止鹅眼钱和綖环钱，接着又禁私铸和一切恶钱，专用古钱，压缩货币流通量。劣币充斥、商贾不行的情况有了好转。

南朝齐建立后，继续实行通货紧缩的政策。齐高帝萧道成曾说过：“使我治天下十年，当使黄金与土同价。”整个齐朝始终是通货不足，因此物价偏低。竟陵王萧子良建议用钱帛各半来交纳赋税，永明四年（486 年）五月，齐武帝下诏：扬、南徐二州户租，三分之二用布，三分之一用钱。由于钱币缺乏，物价更跌，农民更苦了。萧齐政权虽然避免了通货膨胀，却走上了另一个极端，吃到了通货紧缩的苦头。

梁初一反齐朝货币紧缩政策，大举铸钱。梁武帝萧衍当皇帝后不久就铸两种钱：一是“天监五铢”，二是“五铢女钱”，或称“公式女钱”，即官铸小钱。梁初虽然铸了新钱，但百姓多以古钱交易，其中有“直百五铢”“太平百钱”“定平一百”等。梁武帝一再下诏，非新铸两种钱不许通用，但效果不显，一些趋利之徒，更是以此获利。

为改变流通中的混乱状况，梁武帝于普通四年（523 年）尽废铜钱，铸造铁五铢。其原因可能是铜缺乏而铁价贱。因铁易得，人们纷纷私铸。到大同（535—546）以后，铁钱已堆积如山，交易者以车载钱，不再计数。铁钱贬值，引起混乱，民间又复使用铜钱。但铜钱不足，在使用上出现“短陌”现象，即不满百个铜钱（如 90～60 个不等）算作百个铜钱使用。梁末敬帝太平二年（557 年），铸铜钱“四柱五铢”，后又铸“二柱五铢”钱，这些钱的出现都使货币流通更加混乱，不久梁朝也就覆亡了。

陈朝的货币流通状况较梁要好一些。陈初不再使用梁的铁钱，而是杂用二柱钱和鹅眼钱。这两种钱价同，但二柱钱重于鹅眼钱，于是人们私下镕钱，再掺杂锡铁以谋利，社会上兼用粟帛交易。到陈文帝天嘉三年（562 年），铸造了“天嘉五铢”，比梁的“四柱五铢”“二柱五铢”都要厚重，陈宣帝太建十一年（579 年），又铸“太货六铢”，与五铢钱并行。由于二者比价不合理，不久，又废六铢钱而专行五铢钱。

整个南朝，既有通货贬值，也有通货紧缩，既有铜钱，也有铁钱、铅锡钱，还有大量使用的实物货币。南朝钱法上的混乱，是当时政治不稳定、社会经济衰退的表现。

三、北朝的手工业和商业

1. 手工业的进步

北魏建国以后，继承了十六国政权由官府控制手工业的制度。手工业者被搜括来后统称为伎作户。其中，有绫罗户、细茧户、罗縠户、金户、盐户等各种名称。最初用军事组织形式控制，归杂户帅、营户帅统辖，另立户籍，不属郡县。后来，朝廷听从仇洛齐的建议，取消了杂营户帅，手工业者就属于地方的官府作坊，但仍然是另立户籍，控制也很严格。太武帝时规定禁止私养金银工匠，违者主人及其家人处死。后又规定手工业工匠要学其父兄的职业，不得进学校。文成帝时下令伎作户不得与其他人通婚。可见，手工业工匠身份很低，受到严格的控制和奴役。

孝文帝即位后，手工业者的地位开始有所改善。孝文帝取消了手工业者不准转业的禁令，允许他们转到农业生产上去。后又遣散了部分织锦工匠，允许到民间织造锦绣绫罗。禁止私养“工巧之人”也取消了。工匠们有了相对的自由；个别人甚至能当官或发财成为巨富。

孝文帝对手工业工匠放宽的政策，促进了北魏各种手工业的发展。

纺织业。纺织业是北魏手工业部门中最重要、规模最大的行业。太武帝时有奴婢织绫锦贩卖，平城有丝绵布绢库。孝文帝时允许民间生产锦绣绫罗，纺织业更有所发展。太和十一年（487 年），孝文帝把宫内大量衣服、绫罗、锦绣等赏赐给百官将士，说明库藏充足。绢价也由魏初每匹千钱降至二百。北魏末，灵太后令公卿以下百官到库中尽力背取，有人由于多背而受伤，受到嗤笑。

在纺织业普遍发展的前提下，某些地方的丝织品成为地方特产。如山东的大文绫、连珠孔雀罗、阿缟等。敦煌发现孝文帝时代的刺绣，十分精美，染色技术有很大提高。一种称为“夹缬”的镂空版印花法也产生了。大地主郑云曾用印有紫色花样的丝绸四百匹行贿而得一安州刺史官位。这绸即用镂空版印花法加工而成。在均田制下桑麻种植的普遍及饲蚕技术的进步、民间纺织业的发展，使北方纺织业的生产技术和生产量，都超过了南朝。

冶金业。铁是铸造武器和农具的原料。北魏的冶铁业主要是官府经营的。道武帝时已在山东设置官冶，征发州郡刑徒造兵甲。太武帝时南朝宋破北魏碻磝（今山东茌平西南）获铁三万斤，大小铁器九千余件，可见这地区铁冶规模之大。北魏时各地均设有铁官，负责制造兵器和民用铁器。诸地区的冶铁生产中，相州牵口冶最为有名，质地优良。为此，政府常令此地制造兵器，贮存于武库。

东魏后期，綦毋怀文发明了一种炼钢的新技术。其采用特殊的炼钢术和淬火法，以此技术制造的刀名为“宿铁刀”。这种炼钢法即灌钢冶炼法，是炼钢史上一个重大创造，可大大节省时间。此外，冶炼业中炼铜、炼银、开金银矿、制造金银器皿等也大有发展。

制盐业。北朝食盐的生产和销售有时由官府掌握，有时由盐民制盐，官收专卖税。这种官私之间的争夺，经历了多次反复。主要是因为盐利巨大，如河东郡的池盐一年的盐税约有绢三十万匹，相当于冀、定二州一年的绢调。

北魏生产的盐有池盐和海盐之分。池盐产地主要是漠南、凉城、河东（黄河以东，在今山西），以河东最有名。这里有大小两池。大池东西七十里，南北三十里；小池东西二十五里，南北二十里。海盐方面，北魏末年沧、瀛、幽、青四州（今河北、山东一带），终年合计收盐二十万九千七百斛，是政府的一笔可观收入。

北魏盐的品种较多，有白盐、黑盐、胡盐、戎盐、赤盐、驳盐、臭盐、马齿盐等。有的有各种食疗作用。用白盐精加工还有花盐和印盐等。这些都说明北朝盐业生产技术的进步。

酿酒业。文成帝太安四年（458 年），初设酒禁，其原因是百姓多酗酒斗殴，或议论朝政。献文帝即位后，开酒禁，此后民间酿酒业发展起来。洛阳大市西有退酤、治觞二里，里内之人多以酿酒为业。有个河东人刘白堕酿一种名酒，叫“桑落酒”或“鹤觞酒”，也叫“骑驴酒”。这种酒香美无比，饮后多醉，京城里朝贵多以它为送礼佳品。永熙年间，南青州刺史毛鸿宾带此酒赴任，途中遇人抢劫，抢劫者饮此酒后醉倒，皆被擒获，于是又被誉为“擒奸酒”。鄠县所出的鄠酒，十分醇美，常做贡品，也是名酒。在《齐民要术》中有关于酿酒的专篇记载，搜集有四十余种酒。按酿造时间、原料、工艺、曲的不同而区别。值得注意的是，北魏前期已有葡萄酒。北魏末年，因国用不足，取消百官常给之酒，计一年省米五万三千斛以上，面三十万零六百斤，可见北朝酿酒业的发达。

建筑业。北魏洛阳城的规模很大，不仅超过前代，而且超过了隋唐时期的长安。城中有里坊，排列井然有序，在主要居民区设置市场，城中有寺一千多处，寺院寺庙建筑十分讲究。以永宁寺为例，高九十丈，城外已能看到。其金铎和鸣之声，闻及十余里。寺有僧房楼观千余间，雕梁粉壁，十分华丽。这是著名工匠郭安兴主持兴建的。现考古发掘遗址，塔基呈方形，塔北有殿堂，寺院平面呈长方形，南北约 305 米，东西 215 米，周长 1060 米。河南登封市嵩山南麓的嵩岳寺塔，是我国现存最古老的砖塔。建于北魏后期。塔高约四十米，平面呈十二角形，内为八角，共十五层。内部为楼阁式，外部为密檐式，整个塔身呈炮弹形，线条柔和圆润。由于基础牢固，设计高超，虽经一千四百年，至今基本完好。

造船业。北魏前期已有造船业。刁雍为薄骨律镇将，在镇造船两百艘，每船可载谷两千斛。神䴥三年（430年）太武帝为了与南朝作战，在冀、定、相三州造船三千艘。孝文帝迁都洛阳后，因感到平城无运漕之路，决定开凿渠道通漕运，便利于粮食运输。这也要靠造船业的发展。

由上可见，北朝手工业发展较快。这是当时生产力和社会经济发展的一个重要标志，也促进了商业的繁荣。

2. 商业的繁荣

鲜卑族拓跋部在建立北魏前，已和汉族商人和胡商有商业活动。拓跋力微时，拓跋部与西晋“聘问交市，往来不绝”。（《魏书·序纪》）拓跋猗卢时，有洛阳大商人到榆中、代等地贸易。居住在雁门的汉族商人莫含也常往来国中。

北魏建国后，都城平城成为手工业和商业中心，宫中的奴婢织绫锦贩卖，又卖酒等。当时虽然士族和庶族不能混居，但对买卖不设科禁，说明对商业活动采取鼓励的政策。在平城有金玉市场，江南使者来，安排他们在此购买货物。地方上各州郡，也都有市场，如河内太守赵柔得犁铧数百枚，与其子善明在市上出卖。但总的来说，北魏建国后的商业尚不够发达。“魏初至于太和，钱货无所周流”。（《魏书·食货志》）货币的不发达，正是商品经济不发展的证明。

但是，孝文帝改革以后，由于北方较长时间没有大的战争，社会比较安定；再由于实行改革后农业和手工业的发展，商业开始发展起来。孝文帝在班行俸禄的诏书中说：“始班俸禄，罢诸商人，以简民事。”不准官吏和商人勾结谋利。官商受到抑制，民间商业得以发展。

孝文帝时，黄河以东地区不少人弃农经商。“河东俗多商贾，罕事农桑。”（《北史·拓跋赞传》）韩麒麟在上表中说：平城的百姓不种田的多，游食人口，达三分之二。游食人口中必有不少是从事商业的。因此，他接着说：“工商之族，玉食锦衣……谷帛罄于府库，宝货盈于市里。”（《魏书·韩麒麟传》）宣武帝以后，商业更加繁荣。邢峦说：由于使节和商人的增多，贡献和贸易的商品比以往增加了一倍。当时的商品，一部分是供给统治阶级消费的高级奢侈品，大部分则是粮食、食盐、织物、农具、铁器等日用必需品；还有城郊农民所生产的瓜果、蔬菜。

洛阳是当时北方商业的中心。城内外出现了许多市场。宣阳门外的慕化里和慕义里，集中了国内紧俏难得的货物。永桥市又叫四通市，这里出售鱼鳖水产，味道鲜美，故有“洛鲤伊鲂，贵于牛羊”的谚语。归正里聚居着南朝来的三千余家店肆，他们“自立巷市”，贩卖南方人所喜爱的各种货物。西阳门外的大市，周围八里，开设了许多商业和手工业的店肆。本地的手工业品、食品和土特产品都在这里出售。各行各业按品类分地段经营，市容整齐繁荣。在大市东部有“通商”“达货”二里。里内住的大多以屠贩为生的手工业者、商人。市南有“调音”“乐律”二里，里内之人都会丝竹音乐。市西有“退酤”“治觞”二里，里内之人多以酿酒为业。市北有“慈孝”“奉终”二里，里内之人多以卖棺椁为业。东北角上还有“准财”“金肆”二里，是富人住宅区。这十里住的多是工商业者，他们“千金比屋，层楼对出，重门启扇，阁道交通，迭相临望”，（《洛阳伽蓝记》卷四）住宅装饰得富丽堂皇。近年在洛阳正骨学院附近大市范围勘探时，发现这里有大面积的瓦片堆积层，有的地方厚达两米以上，证明当时市场的繁荣。专业性交易市场有城南的羊市，城东建春门外石桥南的马市，千秋门外的金市等。城东南孝义里东有一个小市，是一些小本经营的小手工业者、小商贩的营业场所。为了管理市场，在市内设钟鼓，击之以开市闭市，钟声可远闻五十里。市设有市令，专管贸易和税收。长期以来的实物交易，正在逐渐为货币所代替。

商业的发达，造成了许多巨商富贾。他们穿着华丽的服装，吃山珍海味，奴婢成群。虽国家规定商人不可穿锦绣衣服，但无法实行。洛阳富商中最有名的是刘宝。他在各重要城市都养着马和建有住宅，以通货运。所卖盐粟等商品在各地市价都一样。国内许多商品都被他控制。他的住宅和车马服饰，与王公贵族没什么两样。从这个例子可以看出当时商人之富。

商业繁荣的城市除了洛阳外，还有邺、长安（今西安）、上党（今山西长治）等地。邺有两个大市场，其市场设置、交易情况与洛阳相似。到北齐、北周时，由于洛阳衰落，邺与长安的市超过了洛阳。高欢迁都邺城时，将原住洛阳城内外的手工业者和商人都迁到邺，使这里从事工商业的队伍大增。武定六年（548年），高欢下令邺城二市和各地市门，各置两杆标准秤，私人的秤皆以其为标准，有利于公平交易。在邺市场上，大宗商品买卖皆立文卷。有谚语云："博士买驴，书券三纸，未有驴字。"（《颜氏家训·勉学》）这是讥讽博士的书呆子气。长安是西魏都城，商业也很发达，成为西域商人荟萃之地。"商胡贩客，填委于旗亭。"（《周书·异域传序》）

北朝的对外贸易大致有：（1）南北朝之间的贸易，有官府同意的"互市"。南北互派使臣，除了求婚纳聘、吊丧等事情外，有时便是为了互市。地方官在所在地也做南北贸易。文成帝时，崔宽为陕城镇将，把弘农出产的漆、蜡、竹、木运到南境交易，发了财。北魏豫州中正袁翻指出，边镇的将领"皆无防寇御贼之心，唯有通商聚敛之意"，"贩贸往还，相望道路"。（《魏书·袁翻传》）民间的商贸也多，梁时郁州（今江苏连云港市）地接边境，"民俗多与魏人交市"。（《梁书·张稷传》）除了互市，边境上走私活动十分频繁，有的是商人进行，有的是地方官进行，因走私可带来很大利益。（2）与西域的贸易。汉时的丝绸之路依然畅通。当时称西域诸国商人为胡商。凉州是交通要道，胡商多在此停留交易。西域来的商品有香料、名马、玛瑙、琉璃、金银、美玉等，北魏去西域的商品以丝和丝织品为大宗。西域诸国中，以汉族为主体的高昌国与北魏的关系尤为密切。（3）国际贸易。朝鲜半岛上的高丽、百济、新罗以及日本、中亚等更远的国家，都同北魏有贸易往来。中亚的粟特、大月氏，西亚的安息、波斯，西方的大秦等也都与北魏有通商贸易。“自葱岭已西，至于大秦，百国千城，莫不欢（款）附，商胡贩客，日奔塞下。”（《洛阳伽蓝记·城南》）英人斯坦因曾在新疆购得4世纪拜占庭（东罗马）的金币两枚，并在高昌古墓中发现拜占庭金币三枚。1981年在大同市小站村北魏封和突墓中出土一件波斯鎏金银盘。这些都是北朝时代中外经济贸易交往的见证。

3. 货币制度

北魏前期承十六国大乱之后，商品经济衰落，谷、帛等实物成为主要交换媒介。到孝文帝时代，由于社会封建化的完成，农业已成为主要经济部门，手工业和商业也有所发展，于是在太和十九年（495年）开始铸钱，称“太和五铢”。因为北方长期没有铸钱，此钱虽比南朝的钱厚重，但较粗糙。这是中国北方经过长期以实物货币为主状态后的第一次由朝廷铸钱，反映了社会商品货币经济的恢复和发展，也是孝文帝各项改革中的一项内容。与此同时，孝文帝命内外百官的俸禄也改绢为钱，每匹合钱二百文。这就进一步提高了钱币的地位。孝文帝又规定百姓也可以铸钱，但必须到官府专设的炉中冶炼，而且铜必须精炼，不能掺杂质，钱工也由官府供给。这些措施，既能使钱币规格化，保证质量，还可防止人们以铸钱来营利。后来宣武帝永平三年（510 年）又铸造一次五铢钱，叫“永平五铢”。两次所铸的钱，质量相对较好。但由于长期以来民间实物交易和社会上流通的旧钱不可能很快退出，再加上新铸五铢钱的数量不多及富人藏钱，因而新铸的五铢钱主要在京师一带流通，其他不少地区仍使用布帛和旧钱。

北魏后期，政治腐败，财政困难。孝明帝熙平二年（517 年），北魏政府采纳崔亮建议，广开铜矿铸钱以收利。此后，百姓多私铸，钱更薄小，以至于钱轻得能被风吹动和浮在水面上，米一斗几值钱一千。当时铜价一斤为八十文，私铸的薄钱，一斤铜可造钱二百文。于是私铸猖獗，结果物价上涨，货币流通阻滞，犯罪者无数。

北魏末年，杨侃建议铸造五铢钱。于是孝庄帝于永安二年（529 年）铸造了“永安五铢”。为了提高货币的购买力，朝廷拿出库中藏绢来回收通货，每匹只卖二百文，而市价三百文，结果又出现盗铸，钱多滥恶，商品流通仍然受到阻碍。

北魏分裂为东、西魏后，东魏、北齐政治腐败、财政困难，私铸严重，币制混乱。高欢掌权之初，仍继承北魏使用“永安五铢”。但迁都于邺后，盗铸就盛行起来，铸出各种名目的私钱，都以“永安五铢”为名，无法识别。冀州以北人都以绢布交易，拒用铜钱。孝静帝元象

（538—539）、兴和年间（539—543），连年丰收，谷价低到每斛九钱。在这种情况下，高欢、高澄父子收集境内的铜和旧钱，仍按“永安五铢”铸造钱，使之流通四境。但不久私铸的细薄钱又盛行起来，甚至一些朝廷官员也参加私铸。钱币仍然十分混乱。

北齐时，文宣帝高洋在天保四年（553年）改铸新钱，称“常平五铢”，制作比较精美，但流通仍然不畅，私铸并未断绝。到乾明（560年）、皇建年间（560—561），各地均有地方自铸之钱。北齐灭亡前的武平年间（570—576），私铸更加严重，或用生铁和铜，国家也禁止不了。这种状况，一直持续到齐的灭亡。

西魏宇文泰在苏绰等人帮助下，实行改革，政治比较稳定。西魏文帝在大统六年（540年）铸“大统五铢”，形制仿“永安五铢”，十二年（546年）又铸减重的缩型“大统五铢”。

北周初仍用五铢钱，后来曾三次铸钱：（1）周武帝刚即位，于保定元年（561年）铸造“布泉”钱，与五铢钱平行，比价1∶5。当时梁益诸州杂用古钱，河西诸郡用西域金银钱，政府并不禁止。（2）建德三年（574年），周武帝铸造“五行大布”钱，与“布泉”并行，但以一当“布泉”十。此钱质量较高。铸此钱是为增加官府财政收入。发行后，官府确实大得其利。这是历史上比较典型的利用虚价大钱来增加财政收入的措施。（3）周静帝宇文阐大象元年（579 年）铸造“永通万国”钱。这是北周最后一次铸钱，与“五行大布”并行，以一当十个五铢钱。由于贬值过大，不受欢迎。

北朝自孝文帝以后，官府共铸钱九次，使货币经济恢复和发展起来。

第三章　科学技术

一、数学、天文学和地理学

1. 数学

两晋南北朝时期，我国数学在汉朝《周髀算经》和《九章算术》的基础上，又有了进一步的发展，出现了一批数学家和数学著作。如魏晋间刘徽的《九章重差图》《海岛算经》《九章算术注》；南朝宋齐时祖冲之的《缀术》、十六国和北魏前期撰人无考的《孙子算经》；北魏前期张丘建的《张丘建算经》；北周甄鸾的《五曹算经》《五经算术》《数术记遗》等。我国古代著名数学书《算经十书》中有九部是魏晋南北朝撰注或编写的。这一时期的数学家中，贡献最大的是祖冲之。

祖冲之（429—500），字文选，祖籍范阳遒县（今河北涞水北），后徙居南方。他从小勤奋好学，历仕宋、齐，官至长水校尉。他在天文历法、数学、机械制造等方面都有重大成就，主要贡献是计算出精密度很高的圆周率。

圆周率就是圆的周长与直径的比例，通常用希腊字母 π 来表示。这是一个常数，但却是一个只有用无限的不循环小数来表示的无理数。圆周率在实际生活中应用非常广泛，但在科学不发达的古代，计算却十分困难。因此，圆周率的理论和计算在一定程度上反映了一个国家的数学水平。

中国古代关于圆周率的计算，在两汉以前，一般是用“周三径一”，即圆周率为3。西汉刘歆得到3.1547，东汉张衡算到3.1466，三国吴的王蕃得到3.1566，曹魏的刘徽在《九章算术注》中推算到3.1416，这是一项重大的成就。

刘徽计算圆周率的方法是“割圆术”。就是在圆内作正六边形，然后边数逐步加倍，成正十二边形、二十四边形……一直算到圆内接正192边形的面积，得到了一个粗糙的数值，即 $\frac{157}{50}$，或3.14。后来他又继续演算到3072边形，得到了 $\pi=3927/1250$，即相当于3.1416。刘徽的科学方法为圆周率的研究奠定了可靠的基础，为后来者开辟了道路。

祖冲之不满足于前人的成就，他经过艰苦的努力，终于求得了精确度更高的圆周率。这就是3.1415926到

3.1415927之间。他把前者称为“朒数”，即不足的意思，后者称为“盈数”。这就明确指出了圆周率的上限和下限，实际上已确定了误差范围。他又求得约率为22/7，密率为355/113。这一密率在世界上是第一次提出，所以国际数学界有人主张将其称为“祖率”。

祖冲之的圆周率远远走在当时世界的前列。他是世界上第一个把圆周率推算到小数点后第七位的人。这在国外一直到一千年后，即15世纪时阿拉伯数学家阿尔·卡西在1427年著的《算术之钥》中，才打破了祖冲之的记录。至于密率，在国外，直到1573年德国的奥托才得到这一结果。

祖冲之是怎样得到上述结果的呢？史书上没有记载。不少人推测他采用了刘徽的“割圆术”。如果是这样，那么，他要从圆内接正六边形算起，一直算到12288和24576边形，这需要对有九位有效数字的大数应用算筹进行加、减、乘、除和开方的运算，共一百三十次以上。可以看出，这要付出多么巨大的劳动，需要有多大的毅力和决心。

正是在这些数学成就的基础上，祖冲之的儿子祖暅还用巧妙的方法解决了球体积的计算问题。即球体体积$=\frac{\pi}{6}D^2$（D为球体直径）。这个球体原理，比意大利人卡瓦列里的公理要早约一千年。祖冲之父子的研究成果记载在《缀术》一书中。这部书在唐初被列入“算经十书”。可惜这部数学专著在宋朝失传了。

2. 天文学

在中国古代，数学和天文学是密不可分的。农业生产要求有准确的农业季节，就要研究天文，而天文学又离不开数学。流传到现在的一部最早的数学著作《周髀算经》，同时也是一部最早的天文学著作。该书讲到用标杆测日影；认为天似一顶尖草帽，地似倒过来的盆子，即“盖天说”。祖冲之在天文历法方面也有很大的成就。南朝宋时使用的历法是何承天的《元嘉历》。祖冲之经过实测和研究，发现《元嘉历》有一些错误，不够精密。他根据自己长期天文实测所得到的资料，重新制定新的历法，以宋孝武帝的年号命名，叫《大明历》。《大明历》在我国历法发展史上第一次使用“岁差”。在汉以前，天文学家一直认为太阳在黄道上每经过一个回归年的运行，又会回到原来位置上，即冬至点是不变的；而实际上，冬至点每年都要逐渐向后（即向西）移动，（现代观察认为每约 71 年 8 个月后移 1 度），这种现象叫作“岁差”。东汉贾逵已发觉这种现象，到东晋成帝时（约 330 年）天文学家虞喜按自己观察和历代天文记录，明确提出“岁差”，并算出每 50 年冬至点在黄道上西移 1 度，但未引入历法。祖冲之首先把岁差的存在应用到编制的历法中去，即每 45 年 11 月差 1

度，大大提高了历法的精度，在我国历法发展史上是一个重大的进步。《大明历》的另一个重要改革是修改闰法。我们知道，一回归年是365.2422日，一个朔望月（月亮圆缺一次的时间）是29.5306日。如果按照回归年编制历法（即阳历），一个月有30日或31日，如果按朔望月编制历法（即阴历），一年只有354日，比一回归年少11日。为了解决这一矛盾，自古以来，人们用设置闰月的办法来调节阳历和阴历，使历法能兼顾四季变化和月面圆缺。在春秋中叶已经有在19年中设7个闰月的安排办法。但这样经过200多年还要多出一天。北凉赵𢾺提出在600年中加入221个闰月，但没有被人接受。祖冲之在《大明历》中提出了在391年中设置144个闰月，得到了更为精密的结果。他还用比较精确的方法测定两年冬至之间的时间，即一个回归年的长度为365.24281481日，与现代天文学测得的结果比较，只差46秒。

大明六年（462年）祖冲之把历法呈交朝廷，请求使用。但由于顽固守旧派的阻挠，没有批准。直到梁武帝天监九年（510年）《大明历》才颁布使用。

3. 地理学

两晋南北朝时期出现了两位地理学家，一位是西晋的裴秀，一位是北魏的郦道元。

裴秀（224—271），字秀彦，河东闻喜（今属山西）

人，出身世代官宦家庭，从小聪明好学。先在曹爽手下做官，后又投靠司马氏集团，官至尚书仆射。西晋时官至尚书令、左光禄大夫、司空。

我国地理学起源很早。相传夏禹铸造九鼎，鼎上有不同地区的山川、草木和禽兽图，这些鼎直到秦代才被销毁。又据说周公东征胜利后营建成周洛邑时，把洛邑的地图献给西周成王。战国时，两国之间发生割地让城的事，首先得把地图交出来。荆轲刺秦王就是假装献图，“图穷而匕首见”。1972 年在长沙马王堆三号汉墓出土了三幅绘在帛上的地图，即地形图、驻军图和城邑图，是西汉初年的作品。在地理著作方面，约在春秋战国时出现了一部地理学名著《禹贡》，用自然分区方法，把全国分为九州，记述了黄河流域的山岭、河流、薮泽、土壤、物产、贡赋、交通等。《汉书·地理志》是第一部用“地理”命名的地学著作，以记述疆域政区的建制为主，为地理学开创了一种新的体制，即疆域地理志。约在三国时，出现了我国第一部以全国水道为纲的地理著作《水经》。

西晋统一后，政治、经济、军事和文化教育各方面都需要准确而详细的全国地图。裴秀官至司空，掌管国家的地图、户籍、工程等工作，他利用自己的地位，组织人力，对《禹贡》所记山岳、湖泊、河道、高原、平原、沼泽以及古代九州的范围，作了详细考订。同时结合晋时的十六州下的郡国县邑、疆界变化，进行古今地名参照对比，弄清了古代各诸侯国间结盟定约的古迹及古今水陆交通的变迁等。对于一时弄不清的，则存疑暂缺。对于古代有名而今查不到的，都一一注明。经过这样的深入研究和考证，在穷学者、门客京相璠等人的协助下，终于绘制成了《禹贡地域图》十八篇。这是见于文字记载的最早的大型历史地图集。裴秀完成这本地图集后，将其进呈给晋武帝，被当作重要文献“藏于秘府”。

裴秀为《禹贡地域图》作了一篇序言。在这篇序言中，他提出了著名的“制图六体”。即分率、准望、道里、高下、方邪、迂直。分率就是按比例反映地区长宽大小的比例尺；准望是确定各地间彼此的方位；道里就是各地间的路线和距离；高下、方邪、迂直三条是说明各地间由于地形高低变化和中间物的阻隔，道路有高下、方斜、曲直的不同，制图时应取两地间的水平直线距离。这六条原则是互相联系和制约的。没有比例尺，无法表现实际远近；没有方位的确定，某一地的方向从一方面看是对的，从另一方面看就错了。没有道路的实际路线和距离的表示，有山水相隔的地方就不知道怎样通行了。没有地物的高下、山体的倾斜以及道路的迂回、转折的表示，并用来校正，那么一定与实际距离不符，方向也不对。六条中前三条是主要原则，后三条是由于地形有起伏变化在制图时应加以注意。只有综合运用这六条，才能制定出比较科学的地图。

裴秀把数学中的比例运算方法，与测定远方地物间的水平直线距离的“重差术”应用于地图的绘制中，大大提高了地图的准确性。裴秀提出的这些制图原则，是绘制平面地图的基本科学理论。直到明末意大利传教士利玛窦所绘制的有经纬线的世界地图在中国传播以前，一直为我国地图绘制者所遵循。

裴秀还曾绘制过一幅《地形方丈图》，这是简缩的晋地图。过去有人绘制了一幅《天下大图》，用缣八十匹，不便于阅读、携带、保存。裴秀运用“制图六体”的方法，把它缩绘成《地形方丈图》，标上名山、大川、城镇、乡村，方便了阅览。此图流传了好几百年。

裴秀对我国地图学的发展做出了巨大的贡献，有人把他誉为“中国科学制图学之父”。

郦道元（约 470—527），字善长，范阳涿县（今河北涿州）人，曾任北魏荆州刺史、河南尹、御史中尉等职。他从少年时代起就随父郦范（曾任青州刺史）宦游山东，后在任官时又到各地考察。闲暇时，阅读了大量地理方面的著作，从而积累了丰富的理论和实际知识。他见《水经》对水道源流的记载过于简略，决心利用自己的知识为其详细作注。这虽是一部书注，实际上是一部创造性的著作。《水经》原文一万五千字，《水经注》约三十万字，做了二十倍于原书的补充和发展。《水经》记述水道 137 条，《水经注》记述水道 1252 条，大至江河，小至溪流，比

《水经》增加八倍多。《水经注》以水道为纲，详细记述了所经地区山岳、丘陵、陂泽位置、关塞亭障、城邑兴废沿革，以及土壤、植被、气候、水文，兼及历史事件、人物、风俗民情，甚至神话传说，无不繁征博引，可称是6世纪前我国最全面而系统的综合性地理著作。

郦道元在写作过程中，注意吸收前人和当代人的研究成果。他搜罗不少地图，汇集了大量文献和文物资料。《水经注》引用书籍多至437种，还记录了不少汉魏间的碑刻，这些书和碑刻赖此得以保存流传。郦道元对所引资料都经过周密分析，对错误之处就加以指出，说明他并不完全迷信古人。

郦道元十分注重实地考察和调查研究。为了弄清水道情况，他总是不怕艰辛，追源溯流，探求脉络。他曾在离石（今属山西）考察黄河，在长城下的白道城（今呼和浩特市北）看到城北阴山山陂下露出泉山窟穴，证实古代诗篇“饮马长城窟”的真实性。郦道元还向当地父老请教。书中多有各地耆旧父老的话，按《水经注序》所言，则是“备陈舆徒之说”，说明他重视从民众中汲取营养。

《水经注》内容丰富，是一部以河流水道变迁为纲的包括自然地理、经济地理、沿革地理各方面内容的综合性地理著作。如对平城（今山西大同市）的火井温泉的描写，属自然地理；对各地特产、堰渠分布、溉田亩数等记述，属经济地理；对郡县沿革、城市兴衰、水道变迁、历史古迹和民间传说的记载，属沿革地理。不仅如此，《水经注》在文学上也很有地位。它以生动细腻的笔墨，形象地描绘了祖国的壮丽山河，如写长江三峡风光、写大明湖景色都翔实生动，有声有色。所以，《水经注》也是一部优美的散文游记，对以后李白、柳宗元、苏东坡的游记诗文，都产生了影响。

《水经注》对与人民生产和生活密切相关的黄河和运河记载得特别详细。全书四十卷，黄河独占五卷，记载了当时的黄河，改道前的黄河，治理黄河有贡献的人物如汉武帝、王景等。运河虽为人工水道，但它是重要的交通水道，《水经注》也详加记载。叙述了春秋末的邗沟，战国时的鸿沟系统，曹操时的白沟、利漕渠、平虏渠、泉州渠道。这些运河后来淤塞，遗迹湮没无闻，赖此才使后人了解。

《水经注》也有一些不足之处，由于郦道元没有到过江南，因此记述江南的山川景物，主要依据文献，由于资料缺乏，有些记载不足和失实。此外，书中有一些神鬼故事和迷信传说，这是时代的局限。总的说来，《水经注》是一部严密和杰出的科学著作；郦道元是一位杰出的地理学家，对我国古代地理科学做出了重大的贡献。

两晋南北朝时期还有一部北魏杨衒之著的《洛阳伽蓝记》，也是值得一提的地理著作。洛阳是东汉、曹魏、西晋、北魏后期的都城，经济、文化繁荣。但在武泰元年

（528年）北魏尔朱荣入洛，杀死胡太后及王公贵族两千余人的“河阴之变”后，东西魏分立和长期战争，使洛阳遭到严重破坏。杨衒之本住洛阳，武定五年（547年）又因事到达洛阳，见繁华都城已经城郭崩毁、宫室倾覆，寺观成废墟，感慨万端，于是写了这部书。此书字面上是记载洛阳城内外佛寺（伽蓝）的兴废盛衰，实际上是表达作者对佛教的不满，认为北魏后期的佞佛是造成其衰亡的重要原因之一。

《洛阳伽蓝记》全书共分五卷，即城内、城东、城南、城西、城北。每卷中记各寺的结构及兴衰，但它并不是孤立地写寺塔，而旁及当时的政治、人物、风俗、地理及掌故传闻，反映了洛阳在经济、文化上和人民生活等方面的情况，同时反映了北魏王朝后期的许多大事。如孝文帝迁都洛阳，胡太后临朝及政治腐败，诸王废立，宦官权贵的骄奢专横，文人学士的事迹，并南朝及四夷的关系等。特别是宋云惠生西行求法，翔实地记载了当时中印间的交通。所有这些都可补《魏书》《北史》的不足。此外，杨衒之文笔优美，此书也有较高的文学价值，它是一部游记小说，成为魏晋志怪小说和笔记小说发展到唐宋传奇小说的一个中间环节，因而在中国小说史上也有重要的地位。

二、医药学和农学

1. 医药学

中国传统的医药学有自己的理论、方法和内容，形成一个完善的科学体系，是中国人民长期与疾病做斗争的经验总结，是对世界医学的伟大贡献。

两晋南北朝时期的医药学在以前《内经》《伤寒论》《神农本草经》等基础上，又有了新的发展。

王叔和与《脉经》。王叔和，名熙，今山西高平人。西晋时官至太医令，博好经方，精通养生之道和疗病之源。曾整理、编次汉末张仲景《伤寒杂病论》为《伤寒论》和《金匮要略》，使这部医学巨著得以广为流传。他的主要贡献是编撰最早、最系统的脉学专著——《脉经》。

脉诊是中医学独特的诊断方法。战国时扁鹊已能通过脉诊诊断病情，后张仲景、华佗等人都很重视脉诊。但当时脉诊比较复杂，要在头、手、足各部去按。王叔和总结前人经验，规范切脉原则，一般只进行寸口切脉。王叔和把脉象归纳为二十四种，即浮、芤、洪、滑、数、促、弦、紧、沉、伏、革、实、微、涩、细、软、弱、虚、散、缓、迟、结、代、动。又从中归纳为八类相似的脉。在脉象和证候之后，王叔和提出了治疗方法，如何用针，宜服何药，对医家临床实践很有实用价值。《脉经》共十卷九十八篇，十万多字，它的贡献主要是使脉学理论和方法进一步系统化。

皇甫谧《针灸甲乙经》。皇甫谧（215—282），西晋安定朝那（今宁夏固原东南一说甘肃灵台境内）人，字士安，自号“玄晏先生”。少游荡无度，后感悟勤学，博览群书，不断著述，得风痹病后仍手不释卷，人称“书淫”。晋武帝时，多次谢绝出仕，上表向武帝借书，后武帝送他一车书。著作很多，有《帝王世纪》《高士传》《玄晏春秋》等。现存有《高士传》及《针灸甲乙经》。

针灸是中国独创性的一种治疗方法。它用针刺入病人身体的一定部位（穴位），或用火或温热烧灼局部位置，以治疾病。针灸疗法的理论基础是经络学说。在《黄帝内经》中，把人体主要经脉总结为十二条，并总结了经脉与疾病、治疗的关系。淳于意、华佗、张仲景等医家都精通针灸术。皇甫谧总结前人成果，又结合自己患风痹症的体会和治疗经验，完成了《针灸甲乙经》这部专著。

《针灸甲乙经》，又称《黄帝三部针灸甲乙经》《黄帝针灸甲乙经》，简称《甲乙经》，12 卷，128 篇。该书叙述了人体的生理结构和病理变化，详载了人体 649 个经穴部位及主治疾病、针刺分寸、艾灸炷数，又指出人体有些穴位是不能下针的。这部书是我国现存最早系统的针灸学专著，对后世针灸学的发展有深远的影响。此书唐代定为儒生必读之书，后传入朝鲜、日本等国。

葛洪对医学的贡献。葛洪是东晋的道教领袖，也是著名的炼丹家和医药家。他的著作最有代表性的是《抱朴子》，医药方面有《金匮药方》即《玉函方》一百卷、《肘后备急方》四卷等。

葛洪在《抱朴子》中，记载了不少植物药和矿物药的性能和作用。比如用麻黄治咳喘，用松节油治关节炎，用常山治疟疾等。葛洪还搜集古代名医名方，参以自己的经验，写成《玉函方》一百卷，后因太多，他又摘录其中实用部分，编成《肘后救卒方》三卷，经后人增补，传到现在，就是《肘后备急方》四卷。肘即胳膊，取此名意即经常挂在胳膊上，以备应急之用，是居家或外出都必须随身携带的医书，类似袖珍手册。《肘后备急方》篇幅虽小，但内容丰富，包括急性传染病、各腑脏慢性病、外科、儿科、眼科和六畜病的治疗法，对各种病的病因、病状、治法和药方都作了说明。选方具有简、廉、验的特点。这是一部通俗药书，一直为后世所重。

葛洪对许多传染病的认识比前人进了一步。在《肘后备急方》中，天花叫“天行斑疮”。书中记载了症状、病因、病期历程等，是人类医药史上第一次详细记载天花的文献。又如肺痨病，在《肘后备急方》中叫“尸注”“鬼注”。书中指出此病要传染，“死后复传之旁人，乃至灭门”，应及早治疗。这是我国最早对结核病的观察和记载。

陶弘景《本草经集注》。陶弘景（456—536），字通明，丹阳秣陵（今南京）人。是南朝著名道教领袖和道教学者，他一生遍历名山，读书万余卷，对阴阳五行、天文地理、医药学都有深入研究。著作很多，如《帝代年历》《古今州郡记》《效验方》《真诰》《养性延命录》《肘后百一方》等。而《本草经集注》是一部很有价值的药物学著作。

中国医学大致可分为医学和药学（药物学）。药学部分，即所谓“本草”，主要研讨药物和处方。汉代的《神农本草经》，简称《本草经》和《本经》，是我国现存最早的本草，也是世界上最古的药物学书籍之一。它由若干医家陆续写成，冠以“神农”，则是尊古之风的假托。该书共收载药物 365 种，其中植物药 252 种、动物药 67 种、矿物药 46 种。它根据药物效能和使用目的，分为上、中、下三品。上品 120 种，一般是无毒或毒性小，属补养类药物；中品 120 种，有的有毒，有的无毒，多兼有攻治疾病和补养的药物；下品 125 种，是具有毒性而专用于除寒热邪气攻治疾病的药物，不能久服。一方面，该书成书后，经过辗转传抄，造成了不少错误和混乱；另一方面，从汉代到南北朝，新药品种不断增加，人们经过长期临床实践，对药物的性能又有了新的认识，这就需要及时的总结提高。因此，汉魏时期曾经出现了一些新的本草著作。如汉末吴普和李当之，都曾以它为基础，写下了自己的著作

（大致是《本草经》的注解或校正）。到陶弘景时，他决心彻底整理补充这部著作。

陶弘景对《神农本草经》中的药物作了仔细的校订和整理，并结合自己的经验，对这些药物新的用途和不同的记载，做了一一的鉴别和补充。同时，他又根据魏晋以来新发现的365种药物，称《名医副品》，也补充入《本草经集注》。这样，《本草经集注》共有七卷，所收药物由原来365种增加到730种，增加了一倍。为了区别原有药物和新增加的药物，陶弘景用朱红颜色笔写原有的药，用黑色笔书写新加的药。《本草经集注》的主要特点，一是改进了药物的分类。在《神农本草经》中，药品分为上、中、下三品，但不太科学，如强身补养药都是上品，常用药列为下品，查找困难。陶弘景改为按药物自然来源和属性分类，共分玉石、草木、虫兽、果、菜、米食、有名无用七大类，最后一类为一些未经实际验证的药物。这种分类法具有一定的科学性，是药物分类的一个进步，对后世影响很大。唐《新修本草》、明李时珍《本草纲目》的分类法，都是在这基础上发展起来的。二是对于药物的性味、产地、采集、形态、鉴别诸方面的论述，有显著提高。《神农本草经》中说药有五味：酸、咸、甘、苦、辛，这是勉强与阴阳五行理论相联系。陶弘景把药性分为八种，即寒、微寒、大寒、平、温、微温、大温、大热。他提出了“甘味之味可略，有毒无毒易知，唯冷热须明”的说法，表明他对药物的寒热特别重视，而对所谓甘苦等“五味”认为关系不大。这种认识很有进步意义。三是总结了诸病通用的药物。在书中提出了一个“诸病通用药”列记表，分别列举了 80 多种疾病的通用药物，如治风痛通用药有防风、防己、秦艽、芎藭等；治黄疸通用药有茵陈、栀子、紫草等。不仅给临床医生处方用药提供了方便，而且也首创了按药物主治作用进行分类的方法。后世比较大型的本草著作，都把这种办法沿用下来。四是制定出丸、散、膏、丹、汤、酒等的制作规范。总之，这部书是继《神农本草经》之后的又一次药物总结，对后世产生较大的影响。

《本草经集注》原书在唐朝以后就散失了。现存有敦煌残卷。其主要内容在宋的《证类本草》和明的《本草纲目》中被引用和保存下来。后陶弘景又增补《名医副品》编成《名医别录》一书，也是一部很有价值的本草学著作。惜已亡佚，近人有辑校本。

北朝医药。在龙门石窟中有一个药方洞，洞中刻有许多中医药方。据研究，药方刻于北齐武平六年（575 年）六月或更晚些。由于年代久远，刻的字多有模糊，近人根据拓片及有关材料补正，共得 140 方，文字完整的有 65 方，部分残缺的 42 方，残损严重的 33 方。在已整理核对的医方中，用药物治疗的 117 方，用灸法治疗的 23 方。治疗病名计 40 个，涉及内、外、妇、儿、五官等科；用动物、植物、矿物的药物共 120 种，制剂有丸、散、膏、汤等。疗方有治疟疾、消渴、痔、瘘疮、霍乱等。

北朝也出了些有名的医生。如徐謇，字成伯，原丹阳人，后被魏将慕容白曜俘获后送至平城。献文帝为考验他的医术，置几个病人在幕帐内，让徐謇隔而按脉，结果徐謇诊断病情十分准确。后冯太后、孝文帝、冯昭仪有病都让他诊治，所开药方，多有效验。太和二十二年（498年）孝文帝在悬瓠（今河南汝南县）得重病，急召徐謇，一日一夜行数百里，诊治后，果然有效。孝文帝病愈后，召集百官宴会，特别让徐謇坐上席，并下诏表彰。诏中说："侍御师、右军将军徐成伯驰轮太室，进疗汝蕃，方穷丹英，药尽芝石，诚术两输，忠妙俱至，乃令沉劳胜愈，笃瘵克痊，论勤语效，实宜褒录。"封他为金乡县开国伯，食邑五百户，赐钱一万贯。后因钱不足，改为绢两千匹，杂物一百匹，谷两千斛、奴婢十口，马十匹，牛十头。徐謇善于养生，年近八十岁，鬓发不白，力多未衰。

其他北朝名医有李亮、李修祖孙三代，崔彧、崔景哲父子等。李亮"针灸授药，莫不有效"。李修曾召集诸学士和善书法者百余人，在东宫撰诸药方百余卷，并行于世。崔彧曾在青州遇一和尚，教他《素问》九卷和《甲乙经》。他善用针灸，"抽针即愈"。其子崔景哲也是以医术知名。

总之，这一时期医药学在前人基础上进入了系统整理时期。《脉经》《针灸甲乙经》《本草经集注》等都是在系统化、条例化和实用意义方面超越了前人。此外，在继承、汇集、编著方书上出现了《肘后备急方》、陈延之《小吕方》和《范汪方》、姚僧垣《直验方》等著作。这一时期养生思想活跃，儒道各家都有自己的养生观和贡献。

2. 农学

贾思勰和《齐民要术》。我国是一个有着丰富农学遗产的国家。早在《诗经》里，就有我们祖先关于农业经验和知识的记载，战国时期《吕氏春秋》一书中有《上农》《任地》《辨土》《审时》四篇农业科学论文，以后西汉有《氾胜之书》，东汉有《四民月令》等农书。但这两部书都已散失。现存最古的农书，是写于北魏末年东魏初年的《齐民要术》。

《齐民要术》的作者贾思勰，齐郡益都（今山东寿光南）人，曾做过高阳郡（治今河北高阳东）太守。他是个很有学问的人，读书广博，又到过河南、河北、山西、山东等地。他在北魏永熙二年（533 年）至东魏武定二年（544 年）间，写成了著名的农业科学著作《齐民要术》。

贾思勰把撰写《齐民要术》的指导思想概括为十六个字："采捃经传，爰及歌谣，询之老成，验之行事。"可见，他这部书得益于两个方面。一方面，他注意研究前人的研究成果，花了很大工夫，学习和消化吸收古书上的农学知识。《齐民要术》引用古书达一百八十余种，引用《诗经》三十多条，其中许多古书已经失传。另一方面，他注重生产实践，访问有经验的老农，收集民谣民谚，其中不少是农民生产经验的结晶。书中共引用农谚三十多条。他还亲自参加农牧业生产，种黍、养羊，通过自己的实践来验证，这些都使他的知识更加全面科学。贾思勰善于把书本知识与实际经验相结合，他的严肃认真的科学态度和创作精神是很值得称道的。

《齐民要术》书名的意思就是“平民谋生的主要技术”。贾思勰重视农业生产，认为“富国以农”，因此他主张重视农耕的政策。他称赞晁错等人“贵五谷而贱金玉”的观点，批判腐朽的王公贵族对农事不闻不问、“既饱而后轻食，既暖而后轻衣”的态度。全书由序、杂说、正文三大部分组成，共九十二篇，分成十卷，正文约七万字，注释约四万字，共十一万多字。《齐民要术》内容十分广泛和丰富，不仅有农作物的栽培技术，如播种、耕作、土壤、施肥、轮作、种子等，而且有蔬菜作物的栽培、果树林木的培育、蚕桑事业、畜牧兽医、农产品加工和贮藏、酿造酒、酱、醋、豉、制胶和制墨等方面内容。正如该书所说：“起自耕农，终于醯醢，资生之业，靡不毕书。”意思是从耕种操作，到造醋做酱，凡是生活资料的生产技术，都写在书里了。

《齐民要术》系统地总结了6世纪以前我国人民积累的宝贵的农业生产技术经验，体现了当时的生产技术水平，是我国古代保存最好、最早、最完整的一部综合性的农业百科全书。它的“大农业”思想，即农学体系包括农、林、牧、副、渔等各项目，为后世农业科学树立了典范。此后的农书多以它为蓝本。它在世界科技史上也有深远的影响。有多种版本在日本流传。英国伟大的进化论者达尔文曾说过，他的人工选择思想是“从一部中国古代的百科全书”中得到启发的。不少人认为这部书就是《齐民要术》。总之，《齐民要术》以其丰富的内容，闪烁着我国古代劳动人民的智慧，它不但是研究古代农业技术的珍贵文献，而且对现代农业仍有借鉴和参考价值。

《南方草木状》。现存最早的一部植物学专著。作者嵇含（263—306），字君道，自号亳丘子，西晋谯国铚县（今安徽濉溪县临涣镇）人。秀才出身，累官至振威将军、襄城太守。好学善文。嵇含曾被表为广州刺史，但未赴任而遭害，年仅四十四岁。《南方草木状》所记植物八十种，有草、木、果、竹等四类。近人考证，此书非晋代作品，乃南宋人抄集古本草物名类，重新编排，托名而成。此说有待进一步研究。

三、炼钢技术和机械发明

1. 炼钢技术

中国早期冶炼钢铁技术，最突出的成就，就是“灌钢”冶炼法的创造。我国古代的炼钢技术有一个发展过程。在春秋以前，炼铁术已有发展，但由于炉体小，鼓风设备差，用木炭做燃料，炉温比较低，炼出来的铁是呈海绵状的固体块，等到炉子冷却后再取出铁块。这种冶炼方法叫“块炼法”。块炼铁含碳量低，质软，含磷、硅等杂质，必须经过锻打才能成为可以使用的熟铁。江苏六合程桥春秋吴墓出土的铁条，就是用块炼铁锻成的。这是我国考古发掘的关于生铁冶铸器物的最早的实物见证。

熟铁和钢的主要区别是含碳量的不同。熟铁含碳量在0.05％以下，钢在0.05％～2％之间，生铁含碳量大于2％。熟铁性韧，可耐捶击，但是太软。生铁质硬而脆。钢则脆、韧适宜，用途广泛。人们在锻打熟铁过程中，由于反复在木炭中加热，使铁吸收了碳，提高了含碳量，减少了杂质，因而成为钢。这是最早的炼钢技术，这种钢叫“渗碳钢”。把这种钢反复折叠锻打，使碳分布均匀，组织更加致密，提高了质量，又叫“百炼钢”。出土文物表明，这种炼钢法在战国中晚期已经掌握。西安半坡秦墓出土的铁凿即用这种钢制成。这种钢的产量很低。

到西汉中、晚期，炼钢技术有了新的进步，出现了“炒钢”新技术。就是把生铁加热成半液体、半固体状态，再加入铁矿粉，不断搅拌，利用铁矿粉和空气中的氧，烧去生铁中一部分碳，降低含碳量，除去渣滓，得到钢和熟铁。这种把生铁当炼钢原料，是炼钢技术的一个重大发展。1974年山东苍山县出土东汉永初六年（112年）“三十湅”环首钢刀，湅就是炼的意思。这把刀由含碳0.6％～0.7％的炒钢反复折叠锻打而成。在河南巩县铁生沟汉代冶铁遗址发现了西汉后期炒钢炉一座，炉内尚有未经炒炼的铁块。炒钢炼钢技术在欧洲直到18世纪中叶才出现。

用生铁直接炒炼成钢，工艺比较复杂。在古代缺乏化学分析的条件下，要在炒钢过程中控制所需要的一定含碳量是比较困难的，因此，多数是把生铁先炒炼成低碳熟铁，再用固体表面渗碳方法重新增碳而炼制成钢的。这样，仍然要经过百炼才能得到纯钢，极费人力和时间。

两晋南北朝时期人们发明了灌钢冶炼法。就是利用生铁的熔液灌入未经锻打的熟铁，使碳较快地、均匀地渗入，只要配合好生铁和熟铁的比例，就能得到适合于钢的含碳量，然后反复锻打，挤出杂质，成为质量较好的钢铁。《重修政和经史证类备用本草》卷四《玉石部》引用梁陶弘景的话：“钢铁是杂炼生鍒作刀镰者。”这是最早具体记载的灌钢冶炼法。“生”就是生铁，“鍒”是指熟铁，“杂炼生鍒”是把生铁和熟铁混杂起来冶炼。生铁含碳量高而熔点低，先熔化后灌入熟铁，这样就得到了比较好的钢，可以用来制作刀镰。綦毋怀文也用这种方法冶炼质量很高、十分锋利的钢刀。綦毋怀文，匈奴人，是道教的炼丹师，曾做过东魏北齐的信州（今四川奉节县一带）刺史，在高欢与宇文泰作战时，建议高欢把全军红色旗改为黄色，取得了胜利。史书记载綦毋怀文的炼钢方法是“烧生铁精，以重柔铤，数宿则成刚”。就是说，选用较好的铁矿石，冶炼出优质生铁，把液态的生铁浇注在“柔铤”（即熟铁）上，然后让生铁熟铁如同雄雌两性动物“宿”在一起交配，也就是《天工开物》中所说“生钢（铁）先化，渗淋熟铁之中，两情投合”，经过几度交配后就成钢铁。这种钢也叫“宿铁”。綦毋怀文用这种钢制成的刀十分锋利，一刀可以砍断叠了三十多层的铠甲。这种冶炼方法后来在襄国（今河北省邢台县西南）一带长期为冶炼家所采用。

灌钢冶炼法是我国早期炼钢技术上的一项了不起的成就。它与百炼法或炒钢法比较，有很多优点。它缩短了冶炼时间，提高了钢的产量，工艺简便，容易操作，成本低，比较能保证质量。因此，宋代以后一直到明代，这种炼钢方法不断发展，一直是炼钢的主要方法。中国封建社会唐宋以后所以能高度发展，社会生产率大幅度提高，应该与此有关。

2. 机械发明

连机碓。西晋时，杜预发明了连机碓。碓是捣米的器具，用木或石制成。碓的前身是杵臼。杵是一根下端粗重的长木棒；臼是半圆形的盛谷器。操作时，臼中装谷物，用手执杵向下捣舂，利用撞击力脱去谷壳，又不将谷粒舂碎。后来将杵改为类似木槌，木柄的一头安在一个木架的轴上，利用杠杆原理，脚踏木柄一端，另一头便翘起，松开脚，木槌落下，打击臼中谷物。如此舂米，比用手与胳臂要省力。再进一步就不用脚踏，而利用水力来带动碓舂米，这就是西汉末出现的水碓。魏晋后，水碓得到普遍使用，如西晋石崇有水碓三十区、王戎有四十区。杜预发明的连机碓，就是利用水力带动的联合机械。其动力是安装在河边的木制水轮。水轮的长轴上装有一排滚角不动的短横木，好似一排角相不同的凸轮，当流水冲击水轮使它转动时，轴上横木一个接一个地打动一排碓梢，使碓舂米。这样水力平均利用，减少消耗，好几个碓同时舂米，增加效率。

与杜预同时期的刘景宣又发明了用畜力拉的连转磨。磨是磨麦为粉的工具。现存最早石磨是河北邯郸出土的战国时石磨。汉代石磨已普遍使用。磨是有两块磨盘，中有轴，两磨盘接触表面有棱齿，以利磨盘旋转时破碎麦粒。

连转磨就是中间有一个巨轮，用畜力使之转动，巨轮周围有八个磨，轮辐和磨边都用木齿相间，构成一套齿轮系。牲畜拉动轮轴，八个磨就都转动起来，这样可以节省不少劳动力。到南朝齐时，祖冲之在建康乐游苑中制成一台九转连磨。两晋南北朝时连机碓和连转磨的发明，使粮食加工大为方便。这种加工工具一直延续到近现代。

指南车、千里船和机器人。三国曹魏时代的机械发明家马钧曾制造过一辆指南车。后来，后赵时石虎命解飞造过指南车，后秦姚兴命令狐生也造过指南车。据说车上有一木仙人，持信幡，车内人始终指南方。但车还不够精巧，有时指得不正，还须人去纠正。到南朝齐时，祖冲之又重造指南车。无论车子怎样行驶，车上铜人始终指着南方。这种车利用差速齿轮原理，欧洲到 19 世纪后才开始应用。

祖冲之还发明了千里船，曾在新亭江上试航，一天可行一百多里。

两晋十六国人们相继制造出带有实用性质的机器人（机械人），如看门人、捕鼠人、舂米人、车上计里木人等。晋代有一种大章车，即记里鼓车。每走完一里，车上木人敲一下鼓；十里，敲一下钟。

第四章　思想和宗教

一、儒学和玄学

1. 儒学

儒学以孔子为宗师，是崇奉孔子学说的学派。儒家经典《诗经》《尚书》《仪礼》《周易》《春秋》等，成为后来中国封建文化的主体。历代学者对儒家经典的训解和阐述称为儒家经学。汉代曾有古文经派与今文经派之争。东汉末，郑玄以古文经说为主，兼采今文经，遍注群经，成为汉代经学集大成者。“郑学”以烦琐的考据，适合儒家明哲保身的需要，因而广为流传。这样，今、古文学之争也就销声匿迹了。

两晋十六国儒学。曹魏时期，出现了“王学”与“郑学”之争。“王学”的代表人物王肃（195—256）与郑玄一样，曾遍注群经，不分今、古文，对各家经义加以综合。他善贾逵、马融之学，唯不喜“郑学”。他敌不过“郑学”，就伪造《孔子家语》等书，作为所撰《圣证论》的论据，与郑玄学派对立。西晋时王肃注的经书都立于博士成为官学。这是因为他是晋武帝的外祖父，得到政治上的支持。

古文经学派只讲考据训诂，不讲义理。魏晋玄学家如王弼注《周易》、何晏注《论语》，却发挥自己的政治思想，儒道兼综，这是当时儒学的一个特点。

西晋永嘉之乱后，除了何休的《公羊解诂》外，今文经学全部散失，再说，今文经学注释越来越多，学者们也记不住。至此，今文经学基本上退出历史舞台。

东晋时，豫章内史梅赜献出《古文尚书》和《尚书孔氏传》，晋代君臣都信以为真，遂立于官学。这部书在南方流传开来。到唐代孔颖达奉命主编《五经正义》，其中《尚书正义》仍以此为底本。到明代梅鷟、清代阎若璩、惠栋，经过研究考证，终于证明这是一部伪书。

十六国时期，各少数民族统治者为了达到统治广大汉族地区的目的，也十分重视儒学这个汉族传统思想文化。如建立汉国的匈奴族人刘渊，早年就读过《诗经》《尚书》《周易》等经学，特别喜爱《春秋左氏传》。幽、冀的一些儒生名士纷纷投靠他。建立前赵的刘曜在长安设立太学，并亲临太学主持考试。后赵统治者石勒虽文化低，但他让儒生读史书给他听，又重用“博涉经史”的张宾为谋士。

前燕慕容廆在辽东时虚心引纳中原儒士，慕容皝让大臣子弟到学校读书，自己也到学校亲自授课。前秦苻坚统一北方后，下令恢复太学和地方学校，让公卿子弟入学，规定年俸百石以上的官，不通一经，就要罢遣。汉族人张轨建立的前凉，更是重视儒学，成为北方大乱时中原传统儒学的主要保存地。

总的来说，魏晋时期由于玄学的出现，当时儒学家多兼通道家，这是魏晋时期儒学的主要特点。

南北朝儒学。南北朝时，南北经学各有不同特点。清末刘师培说："六朝以降，说经之书，分北学南学二派。北儒学崇实际，喜以汉儒之训说经，或直质寡文；南儒学尚浮夸，多以魏晋之注说经，故新义日出。"《隋书·儒林传》也说："南北所治，章句好尚，互有不同……大抵南人约简，得其英华，北学深芜，穷其枝叶。"西晋灭亡后，中原当权的世家大族和士人纷纷过江，这些人多崇尚儒学，又好老庄，两者结合，阐发经义不拘家法，随意发挥，这是魏晋学风的继续，是南朝经学的主要特点。当时除《诗经》和《三礼》（《仪礼》《周礼》《礼记》）用郑玄笺注外，《周易》用魏玄学家王弼注，《尚书》用《孔安国传》，《左传》用晋杜预注，都是魏晋人的注。南朝经学另一个特点是因受佛教影响，把讲经记录编成讲疏、讲义，并写出比经注更详细的义疏。义疏是指广搜群书，补充旧注，究明源委，或会通古书义利，加以阐述发挥，如梁武帝撰有《群经讲疏》二百余卷，内有《周易讲疏》《尚书大义》等。梁皇侃撰有《论语义疏》等。南朝的这些讲疏、义疏成为唐代孔颖达等编撰《五经正义》的依据。南朝经学的第三个特点是礼学发达。这是与门阀制度盛行、世家大族重视等级尊卑有关。如梁经学家崔灵恩对《三礼》尤精，他任国子博士，讲授时听者常数百人。他撰《三礼义宗》三十卷（一说四十七卷）杂采郑、王之说，在当时众多礼学著作中出类拔萃。南朝治礼学者中，又对《丧服》特别重视。如雷次宗撰有《礼服》、庾蔚之《丧服要记》、严植之《凶礼仪注》、顾越《丧服义疏》等。

北朝经学的特点是学风保守，撰述也少。墨守东汉旧说，以章句训诂为主，不愿别出新义。其经书中《周易》《尚书》《毛诗》《三礼》用郑玄注，《左传》用服虔注，《公羊传》用何休注。北学著名学者有徐遵明、刘献之、张吾贵、熊安生等。徐遵明讲学二十余年，传授《周易》《尚书》《三礼》《左传》等，他的学生多达上万人。刘献之与张吾贵齐名，都被称为“儒宗”。刘献之擅长《毛诗》，作《毛诗序义》，另撰《三礼大义》《三传略例》等。张吾贵，讲《左传》，兼用杜预、服虔注，学生常有数千人。熊安生，通五经，精三礼，北齐时任国子博士；在北周，任露门博士。撰有《周礼》《礼记》《孝经》诸义疏。总之，北学基本上属东汉“郑学”系统。

清代经学家皮锡瑞写有《经学历史》，认为这一时期是“经学中衰时期”，业师周予同先生认为，应该说是“经学中变时期”。

2. 玄学

玄学这个名词出自《老子》一书中的一句话：“玄之又玄，众妙之门。”玄学就是指对《老子》《庄子》《周易》三部书的研究和解释。老子是先秦道家学派的创始人，他的五千字的《道德经》，又称《老子》，提出了以“道”为核心的哲学思想体系。战国时，庄子发展了原始道家的思想。玄学是儒家思想和道家思想的结合，以老庄解释儒家经籍。它所讨论的是一些远离实际的抽象问题，如有、无；才、性；本、末；言、意；等等。

玄学的产生有其深刻的社会和思想根源。魏晋时期，统治阶级内部演出了一幕幕互相残杀的丑剧，一些士大夫和门阀贵族感到朝不保夕。他们力图寻找一种精神寄托和应付事变的理论。崇尚玄虚的老庄学说正好适合他们的需要。如阮籍“本有济世志，属魏晋之际，天下多故，名士少有全者，籍由是不与世事”。于是他们就转向讨论一些玄而又玄的问题。从思想方面说，两汉时期儒家经学占统治地位。但汉代经学不是烦琐支离，便是流于阴阳五行谶纬迷信，东汉提倡的礼教又极虚伪。于是一部分士大夫寻找统治者所需要的新的理论，从而使名家、法家、道家、纵横家、墨家都有一定程度的发展。一些思想家杂采各家，特别是推崇道家，与儒家结合，创立了新的思想体系，即玄学。

魏晋玄学最早的代表人物是何晏（？—249）和王弼（226—249）。他们二人都处于曹魏正始年间（240—249），被称为“正始名士”。何晏是曹爽集团中人物，官至侍中、吏部尚书，司马懿发动高平陵事件后被杀。主要著作有《论语集解》《道德论》。王弼是一位早熟的哲学家，也是曹爽集团中人，死时年仅二十四岁，主要著作有《周易注》《老子注》《周易略例》等。他们二人的思想基本上一致，都推崇老子的“天地万物生于有，有生于无”的思想。他们认为“天地皆以无为本”。就是说，抽象的、超感觉的“无”是万物的本体，世界上一切具体的事物都是由它生成的。这个学派就称为“贵无派”。这是一种客观唯心主义。在政治思想上，王弼提出了“名教出于自然”的观点。所谓“名教”，就是指封建社会的政治制度和伦理道德；所谓“自然”，就是玄学中所讲的“道”，是指天道和人类本性。王弼认为，政治教化是从最高的“道”“无”派生出来的。这是用老庄思想补充改造儒家思想，以此论证封建统治秩序、伦理道德是合理的、合乎自然的、天经地义的。企图建立新的统治思想，重新巩固封建秩序。

司马氏在与曹氏集团斗争中得胜，意味着被曹抑制的门阀士族势力抬头。地主阶级中一些非当权派的庶族地主，对现实不满，采取不合作态度，嵇康（223—262，或224—263）、阮籍（210—263）就是其中代表人物。他们二人是大文学家，在“竹林七贤”中最为有名；其他五人为山涛、刘伶、向秀、王戎、阮咸。这些文人因为反对礼教、蔑视权贵，经常一起在山阳（今河南辉县、修武一带）竹林山水中饮酒清谈，故称“竹林七贤”。嵇康出身寒微，与曹氏皇室是姻亲，娶曹操曾孙女。司马氏掌权后，要拉他做官，他坚决不做，逃到河东。山涛投靠了司马氏，为选曹郎，也拉嵇康任官。嵇康写了一封有名的《与山巨源（山涛）绝交书》，表示坚决与司马氏政权对立，后来被司马氏扣以“不孝不仕，违反名教”的罪名杀死。太学生三千人曾为他请愿，但还是被杀了。阮籍的父亲阮瑀，也依附于曹操，但阮籍不像嵇康那样积极反司马氏，而采取了消极反抗。司马懿请他做官，他听说步兵校尉缺额，那里多美酒，又有人会酿好酒，就要求任此职。他上任后根本不管事，终日喝酒，昏昏沉沉，不谈时政，也不评论别人，才保全了性命。

嵇康、阮籍认为宇宙万物是由元气构成的。他们认为名教和自然是对立的；崇尚自然，反对名教。他们崇尚自然，就是主张不溺于名利，不为琐碎礼法所束缚，顺应自然，逍遥自在。而名教是违反人性的，礼教是破坏人们之间和谐关系的，因此他们“非汤武”（商周的开国君主，即成汤和周武王）、“薄周孔”（周公、孔子），以“六经”

为糟粕。他们认为当权的门阀贵族口头上维护“名教”，实际上都是一些无耻之徒。阮籍把称道礼法的人比作裤中的虱子。他说：“你不见虱之处于裤中吗？逃乎深缝，匿乎坏絮，自以为吉宅也。行不敢离缝隙，动不敢出裤裆，自以为得绳墨也。饥则啮人，自以为无穷食也。然炎丘火流，焦邑灭都，群虱死于裤中而不能出。你们这些‘君子’在世上正像虱之处于裤裆中呀！”嵇康、阮籍反对封建礼教，反对名教，实际上是对当权的司马氏不满，采取不合作态度。他们借老庄的放达和老庄的社会政治学说以抨击当权的虚伪的名教政治。实际上，他们也不是要否定封建礼教，而是主张“尊卑有分，上下有等”的。

西晋时期玄学家的代表人物是向秀（约 227—272）和郭象（？—312）。向秀有《庄子》注，后来郭象又加以补充发挥。他们认为一切现存的事物，如政治机构、社会组织、上下之分等都是合理的；现存的“名教”是“自然”的最好表现；当权的“帝王”就是最理想的圣人。他们说：“圣人虽在庙堂之上，然其心无异于山林之中。”（《庄子·逍遥游》注）他们认为每个事物都应各安其位，这样就是自足其性。这些都是为现存的统治秩序辩护，为司马氏政权歌功颂德。他们的思想，代表了西晋门阀士族的利益。

西晋时期，与“贵无”学说相对立的，是唯物主义思想家裴頠（267—300）。他的主要著作是《崇有论》。他认为“无”不能生“有”；“有”（万有，指存在）是自生的；万有本身就是本体。这是企图从肯定“万有”的真实性，来否定“以无为本”的思想。裴頠反对那些崇尚玄虚的玄学家，认为贵无学派破坏了礼教和社会秩序，造成荒淫放荡的生活风气，给社会带来了危害。他企图再度用“礼教”挽救社会危机。《崇有论》发表后，遭到许多人的攻击，贵无派大官僚王衍曾和他辩论，但裴頠始终不屈。后为赵王司马伦所杀，年仅三十二岁。

东晋时，玄学与佛学趋于合流。东晋玄学家张湛著有《列子注》，此书的《序》说道：“其书大略明群有以至虚为宗，万品以终灭为验。”显然受佛学影响。在《杨朱篇注》中说：“生实暂来，死实长往，是世俗长谈。而云死复暂往，卒然览之，有似字误。然此书大旨，自以为存亡往复，形气转续，生死变化，未始绝灭也。”这也是受佛学影响的轮回见解。此后学者和佛教徒大都用玄学理论翻译和解释佛教各派的经说。当时统治者也大力提倡玄佛合流，于是佛学逐渐兴盛，玄学渐衰。玄学作为一种时代精神已告终结。

但是玄学的历史地位是不可低估的，两汉经学在哲学上主要是神学目的论，它创造了一个人格神“天”来主宰世界；而玄学则提出了“无”这个抽象概念，认为世界一切是由“无”产生。从宇宙生成论、神学目的论到宇宙本体论，不能不说是人类精神世界的一大进步。玄学扩展和完善了许多哲学范畴，如有无、本末、体用、动静、形神、名实、一多、音声、才性等。这些范畴的确认和辨析，对哲学发展有很大价值，深化了哲学的内容。

3. 鲍敬言的《无君论》

在魏晋玄学流行时期，鲍敬言是一位激进的唯物主义思想家。他的著作《无君论》早已佚失，现在只能从葛洪《抱朴子》的“诘鲍篇”中以窥见其片段；根据鲍敬言的生平也只知道他是葛洪同时代的人，即西晋末东晋初人。

鲍敬言认为，天地是物质的自然存在，万物是阴阳二气化生而成的。天在上，地在下，乃是自然现象，无所谓尊卑之分。宣扬天子是上帝任命，这是想当皇帝的人编造出来的。实际上，君主只是一些强暴者。社会上强暴者欺凌弱小者、聪明者欺诈愚昧者，于是产生了君臣。所以君主产生是“争强弱而较愚智”的结果，与天意天命没有什么相干！

鲍敬言进一步指出，君主制度是人民饥饿贫困的根源。他说，君主制度下，官吏和人民的关系好比獭和鱼、鹰和鸟。“獭多则鱼扰，鹰众则鸟乱。”君主设立百官，老百姓就要穷困。君主官吏利用权力穷奢极欲，肆意享受，而老百姓则食不果腹，衣不蔽体，很多人穷得无法娶妻。君主不是神，他的财产是从哪里来的呢？还不是依赖手中的权力对人民加重掠夺得来的，“有司设则百姓困，奉上厚则下民贫”，君主官吏的享乐是建筑在老百姓痛苦之上的。

鲍敬言又认为，君主不仅造成人民的贫困和饥饿，而且是一切欺诈、争夺、战争等罪恶、灾祸的根源。他说，君主“尚贤，则民争名；贵货，则盗贼起”。为了安定社会秩序，便讲仁义、设刑法，用武装镇压。“弩恐不劲，甲恐不坚，矛恐不利，盾恐不厚。若无凌暴，此皆可弃也。”君主为了争夺，发动战争，“僵尸则动以万计，流血则漂橹丹野”。给人民带来了无穷灾难。他说，桀纣之徒，所以能够剖人心，破人胫，穷骄淫之恶，用炮烙之虐，作恶多端，就是因为他是君主，有权力。如果是一个匹夫，性再凶顽，能干那么多坏事吗？鲍敬言说，君主和人民的矛盾是不可调和的。由于压迫、剥削、赋役繁重，“下不堪命，且冻且饥”，“劳之不休，夺之无已”，必然起来反抗。

鲍敬言最高的政治理想是无君的社会。他热情地歌颂上古时代“无君无臣，穿井而饮，耕田而食，日出而作，日入而息”，“不竞不营、无荣无辱”，“势利不萌，祸乱不作，干戈不用，城池不设”，自由自在，安居乐业。根本原因是没有君主制度和这种制度造成的种种罪恶。

鲍敬言的思想，反映了封建社会备受压迫的农民群众和一切贫困的知识分子的思想。由于历史的局限，他不可能知道君主、国家的产生是历史的必然。但这种局限性并不能掩盖《无君论》的进步性和战斗的理论光芒。这是一篇难得的指向封建君主制度的战斗檄文。

二、佛教发展和《神灭论》

1. 佛教的发展

产生于印度的佛教在西汉末东汉初传入中国。魏晋以后，由于社会动乱，阶级矛盾、民族矛盾尖锐，现实生活的苦难成为宗教滋生的土壤。在当时的社会条件下，统治阶级妄图“长生世上”，或死后上天堂，并祈求宗教来维护自己的统治，被压迫人民因现实苦难，进而追寻精神上的寄托和安慰，因而佛教在统治阶级和被统治阶级中，都较广泛地传播开来。

梁武帝在天监三年（504 年）的崇佛诏中说：愿使未来世中，童男出家，广弘经教，化度含识，同共成佛。（《广弘明集》卷四，梁武帝《舍事李老道法诏》）这类诏书无异宣布佛教为国教。郭祖琛在向梁武帝上书反佛时曾说：“都下佛寺五百余所，穷极宏丽。僧尼十余万，资产丰沃。所在郡县，不可胜言。道人又有白徒，尼则皆畜养女，皆不贯人籍。天下户口，几亡其半。”（《南史》卷七十《郭祖琛传》）《广弘明集》卷七《辩惑篇·叙历代王臣滞惑解下》说，江南地区僧尼总数达“数十万众”。这个数字应比近十万人更接近实际。北方佛教的兴盛比南方更甚。因佛教是外来宗教，更适合少数民族统治者的心理。北魏孝文帝时，北方境内共有僧尼七万多，到北魏末已激增到近二百万。当时北方总人口约三千万，僧尼占十五分之一。到北齐北周僧尼总数三百万左右，则占总人口数的十分之一，为唐代僧尼最多时期的武宗时代全国僧尼近三十万人的十倍。若据何兹全先生统计，北齐北周僧尼总共为五百万人，则更多。（《五十年来汉唐佛教寺院经济研究》）

传入中国的印度佛教有两大系统：一是小乘（早期佛教），注重戒律和禅定；二是大乘（后期佛教），即以《般若经》为中心的大乘空宗学说。魏晋时期盛行玄学，玄学认为，在现象世界背后有一精神性本体，即“无”或“道”。大乘空宗学说在思想上与玄学有相似之处。它宣传“诸法性空”，认为世俗认识及其面对的一切现象均为因缘和合，假而不实，唯有通过“般若”（智慧）对世俗认识的否定，体认永恒真实的、超言绝象的“实相”“真如”，才能达到觉悟解脱。大乘空宗因为在思想上与玄学有相似的地方，所以得到迅速传播。玄学与佛教的逐渐融合，出现了更加精致的唯心主义思想体系。

在两晋时期，玄、佛合流的思潮表现为许多佛学家都用老庄学说来阐述佛教理论。许多人既是佛教名僧，也是玄学清谈的名士。名僧与玄学名士交往，共谈玄理，切磋大乘佛典。般若学者如竺道潜、慧远、僧肇等，几乎都研习老庄。名僧支遁（字道林）更是一代玄学名流。

般若学在传播过程中，由于各家的解释不同，出现了各宗派，即所谓“六家七宗”。其中最有影响的是本无、即色、心无三家。由于这三家都与玄学有密切的联系，所以一般学者称其为佛教玄学。三家中尤以道安、慧远为代表的本无这一家最为重要。

道安（312—385）是当时最博学的佛教学者和佛教活动家。俗姓卫，常山扶柳（今河北衡水西南）人。十二岁出家，由于形貌短陋，不为其师所重视。后来知其诵经能过目不忘，让其外出游学。二十四岁至邺，师事名僧佛图澄。佛图澄能背诵经卷数百万言，精通教义，深得后赵石勒敬重，是石勒所尊奉的“大和尚”，参与军政机要。佛图澄死后，道安开始独立的传教活动，在河北、山西、河南等地立寺山居。后赵覆灭，道安到了襄阳，在那里研讲般若学、整理经籍达十五年。379 年，前秦苻丕攻下襄阳，道安被俘到长安为苻坚所尊信，在那里继续讲经和翻译活动。道安一生致力于整理佛经，传播佛教哲学，其弟子遍及大江南北。他对佛教所作的解释，与当时玄学中贵无派十分相近。他宣扬一切皆空，认为本体是空无，现象世界是不存在的，是假象，“象非真象”，“虽象而非象”，所以说“无在万化之前，空为众形之始”。这种理论很容易与玄学合流，为门阀士族所接受。道安是从各方面谋求佛教在中国独立的第一人。他还对汉译佛经作了初步整理，写出《综理众经目录》，并组织外来僧人译经。他为僧侣团体制定了法规、仪式，为以后寺院制度打下了基础。

慧远（334—416）是道安的弟子，年轻时即“博综六经，尤善老庄”。他在太行恒山听道安讲《般若经》，十分合己意，从此皈依佛门。此后他奋发精进，始终不懈，二十四岁就能讲说佛经。后在江州刺史桓伊帮助下，他在庐山立精舍，称东林寺。在风景优美的庐山住了三十余年，他聚徒讲经，撰写文章，与名僧权贵交游，使庐山成为南方佛教中心，他自己也成为佛界领袖。

慧远对本无学说作了详尽的阐述。他用《庄子》来类比《般若经》中的“实相”概念，使很多中原士人理解。他发挥了佛教的因果报应说。在中国传统概念中也有报应思想，如积善有余庆、积恶有余殃，但现实中善有恶报、恶有善报并不少见。佛教认为有身、口、意“三业”，有现报、生报、后报“三报”。今生之报往往由于前世作业的结果，不能仅以今世耳目所及为界限，有些报应要等来世。这种伦理化的宗教教义终于深入人心，它十分有利于巩固封建统治。佛教和政治结合起来，有了更大的发展。

继六家七宗之后，后秦名僧鸠摩罗什（344—413）进一步推动了般若学的发展。他在长安翻译了大量佛经，系统地介绍了大乘空宗学说，是中国四大佛经翻译家之一

（另三人为梁朝真谛和唐朝玄奘、不空）。他的弟子僧肇（384—414）是东晋时重要的佛教理论家，是“什门四哲”之一，主张一切虚无，没有实体。“万物虽殊，而不能自异；不能自异，故知象非真象；象非真象，故则虽象而非象。”意即万物的表现虽千差万别，但由于没有独立的本性，故万物本身实际上不具有差别。这样，可知现象是不真实的，这是一种相对主义的不可知论，也是般若学的基本特征。他的代表作是《般若无知论》《不真空论》《物不迁论》等。他的佛学论文被收集在《肇论》一书中。另一弟子竺道生十五岁即登讲座。东晋末，问学于庐山，从僧迦提婆习《小乘一切有部》，又到长安从鸠摩罗什学《大乘般若经》，义熙五年（409 年）至建康，力主般若涅槃学，融会大乘、小乘教义，首倡“一阐提”（断尽善根之人）皆得顿悟成佛。此说一出，僧众哗然，斥之为异端。后十六国北凉昙无谶译本《大本涅槃经》内传，佛界始悟其说为先知卓见，门徒趋之若鹜。后世尊其为“涅槃圣”，著述甚丰，今存《妙法莲华经疏》。其学说为禅宗思想渊源之一。

北朝早在什翼犍时，就“备究南夏佛法之事”。道武帝建立北魏后，佛教有了发展。道武帝“颇览佛经”。他平定后燕，进入中原，所经郡国佛寺，见沙门都致敬礼，禁止军队侵犯佛寺。他礼征赵郡沙门法果为道人统（后改为沙门统）。道人统以及都维那、维那、寺主等佛教教职，是专门管理寺院和尚事务的。北魏僧民犯法，不受国家法律制裁，以寺院内律处理。太武帝即位后，继续发展佛教。他常和高德沙门谈论佛经，在四月八日僧徒抬着佛像到大街上游走时，太武帝亲登门楼，观看散花，表示礼敬。当时北凉沮渠蒙逊好佛法，他有个名僧昙无谶，晓术数，能预言安危，太武帝要北凉把他送来京师，蒙逊不肯，把昙无谶杀了。后来太武帝平凉州，迁三万余家到平凉，同时迁来许多和尚，北朝佛教更兴盛了。但在太平真君七年（446 年），太武帝发动了中国历史上第一次灭佛斗争。起因既有太武帝相信寇谦之、崔浩宣扬道教的佛道斗争原因，也有他在镇压盖吴起义时发现长安寺僧藏有武器，怀疑他与盖吴通谋。太武帝下诏“诛长安沙门，焚破佛像”。各州郡也依长安行事。但太子拓跋晃素敬佛教，他推缓了诏书，使各地佛寺有了准备。于是许多和尚逃跑，佛像也藏匿了起来，但寺院佛塔多被毁。灭佛时间并不长，兴安元年（452 年）文成帝即位后，又恢复了佛教，并开始开凿云冈石窟。孝文帝提倡佛教，他为冯太后造报德寺。北朝佛教与南朝注重经义不同，比较重戒行和造像立寺，但孝文帝却提倡研究佛义。他还召集沙门讲佛经，要求名流僧人一个月三次入宫，与他探究佛义。他还为西域沙门佛陀在嵩山建立少林寺。北魏后期佛教得到了极大的发展。宣武帝在洛阳造瑶光寺、景明寺等，这二寺各有僧房一千多间。又在洛阳南伊阙（龙门）开石窟，用工八十万。胡太后佞佛更甚，造永宁寺，塔高四十余丈，共九层，全部用木结构，共有僧房一千多间，都用珠玉锦绣装饰。统治者佞佛，消耗了大量人力、物力和财力，也促使了北魏的灭亡。

北齐时，佛教较北魏时更加泛滥。都城邺城成为北方又一佛教中心，有寺院四千所，僧尼八万人。全境更多。文宣帝高洋佞佛，以“国储”的三分之一供养“三宝”。当时出现了慧光、慧文、慧可等高僧，经他们弟子的传授，到隋唐时期终于正式形成了具有中国特色的佛教三大教派，即华严宗、天台宗、禅宗。

北周佛教也有很大发展。境内共有僧尼一百万人，寺院一万多座。寺院占有大量土地和劳动力，消耗大量人力、物力、财力，不仅影响国家赋役收入，而且影响兵源。这是富国强兵的极大障碍。建德二年（573 年）周武帝召集百官、和尚、道士辩论三教优劣，确定儒教为先，道教为次，佛教为后。次年（574 年），他正式下令废佛：“断佛、道二教。”销毁经像，勒令僧尼道士还俗，把寺院财产分赐给臣下。灭齐后，又在北齐境内实行废佛政策。这次废佛的结果是，中国北方官私所造一切佛塔，扫地以尽；三百万僧尼还俗，四万寺庙赐给王公贵族为宅第，使北周政权获得了上百万劳动力，扩大了赋役征收对象，充实了兵源，这就是所谓“求兵于僧众之间，取地于塔庙之下”。

两晋南北朝时期，儒道佛之间虽然也有矛盾斗争，但总的趋势是互相吸取对自己有用的部分，向“三教合一”发展。

2. 范缜和《神灭论》

范缜（约450—约510），字子真，南乡舞阴（今河南泌阳西北）人。少学于刘瓛，通经书，尤精三礼，在南朝齐任宁蛮主簿、尚书殿中郎。在梁，任尚书左丞、中书郎等职。

齐梁之际，统治者大力提倡佛教。齐竟陵王萧子良以宰相之尊在府邸设斋，大会众僧，亲自给僧众献茶上果。梁武帝更是迷信佛教。他四次舍身同泰寺，公卿以下以亿万钱赎回。所谓舍身，一是舍资财，即将个人财产舍给寺院；二是舍自身，即自愿入寺为僧众执役。梁武帝还“断制酒肉”。汉朝佛教徒可食“三净肉”即不见、不闻、不疑，梁武帝提倡禁肉食，完全吃素，对后来佛教徒影响很大。他还大造寺院佛像、举办斋会、讲经说法、撰写佛教著述、宣扬佛学理论。梁京师有佛寺五百所、僧尼十万。佛寺和僧众大增，带来了严重的社会问题。范缜指斥佛教对国家和社会的危害。他说：“佛教用渺茫的谎言迷惑人，用地狱的痛苦吓唬人，用荒诞的言词引诱人，用天堂的快乐招引人。所以使得人们抛弃了儒家的服装，披僧人的袈裟；废掉传统的礼器，接受佛教的衣钵，家家骨肉分离，人人子孙绝灭；以至于士兵在战斗中挫败，官吏在府衙内走空，粮食被游手好闲的僧众吃光，财富被奢侈的寺院耗尽！这都是佛教所造成的。不加遏止，它的祸害就没有边际。”这表现了他对造成社会祸害的佛教的痛恶。

范缜反对佛教的因果报应说。佛教理论认为，前世埋下了“因”，后世就要结“果”。人在前世、今世行善，来世便会富贵；反之，前世、今世作恶，来世就会贫贱。有一天，萧子良在西邸召集宾客，范缜也在座。萧子良又重弹这套老调。范缜当面驳斥，“盛称无佛”。萧子良质问道：“君不信因果，为何人间有富贵贫贱?”范缜认为世间万物皆自生自灭，“各安其理”，根本不存在因果报应。“人生如同树上的花，随风而飘。有些花吹进厅堂，留在茵席上，这就是你殿下；有些花吹落到厕所里，留在粪坑上，这就是下官范缜。贵贱虽然不同，有何因果可言?”范缜的比喻形象机智，有理有据，驳得萧子良哑口无言。

经过这次斗争，范缜增强了信心。于是，他又昼夜伏案，振笔疾书，开始了《神灭论》的写作。天监六年(507年)，他发表了传世名篇《神灭论》。

《神灭论》一开头写道：“神即形也，形即神也。是以形存则神存，形谢则神灭也。”这是著名的“形神相即”观点。形是指人的形体，神是指灵魂，即精神、意识。佛教认为灵魂不死；灵魂附在人体上，人死，身体可以消灭，灵魂就转移到其他生物的体内。范缜认为形体和精神不能分离，有形体存在才有精神存在，形体消失了，精神也就无法存在了；不存在单独的脱离“形”的“神”。

接着，范缜进一步写道：“形者神之质，神者形之用；是则形称其质，神言其用，形之与神，不得相异也。”这是形“质”神“用”的观点。就是说，形是神的物质实体，神是形的作用，二者虽然不同，但是结合于一体的。为了通俗地说明这个观点，范缜用刀刃与锋利做比喻。他说：“神之于质，犹利之于刃；形之于用，犹刃之于利”，“舍利无刃，舍刃无利”。刀的锋利离不开刀刃，“未闻刃没而利存，岂容形亡而神在”？精神是不能离开形体独立存在的。

《神灭论》初稿草成后，人们争相传抄，也引起了统治阶级的恐慌，“朝野喧哗”。萧子良慌忙召集众僧名士围攻范缜。王琰撰文冷嘲热讽说：“呜呼！不孝的范缜，你怎么竟连自己祖先的神灵在哪里都不知道？”范缜反唇相讥，说：“呜呼！孝顺的先生，既然你知道祖先的神灵在哪里，为什么不快快去追随他们呢？”闹得王琰十分难堪。萧子良又唆使王融以爵禄去引诱。王融对范缜说：“凭你的才能，如果放弃此论，何愁不官至中书郎？你为什么要坚持异端邪说，自讨身败名裂呢？”范缜大笑道：“如果我范缜肯‘卖论取官’，恐怕早就当上更高的官，何至小小的中书郎？”

后来梁武帝继续对范缜发动大规模的围攻。梁武帝下诏，由大僧正法云动员王公权贵六十四人，先后发表反驳《神灭论》的文章七十五篇，他自己也下了一道“敕旨”，即《敕答臣下神灭论》，其中说：“孔丘、老聃、释迦牟尼都主张神不灭论，儒家提倡祭祀祖先，你的说法违经背亲，真是无法无天！”范缜毫不畏惧，又写了一篇《答曹舍人〈难神灭论〉》，其中驳斥上述观点说，“祭天神祭祖都是当权者用迷信说教来影响人民的一种手段”。

范缜是中国古代一位杰出的无神论者。他的《神灭论》是一部充满战斗精神的唯物主义著作。

3. 法显——西行求法的先驱者

佛教自东汉初传入中国，最初多为中亚及印度的佛教徒传译经籍，往往篇章不备，或转译失真，日渐不能满足需要。所以从曹魏末年朱士行开始，出现了西行求法，此后西晋有竺法护，东晋有康法郎、于法兰等，这些人虽然也有个别人到了印度，但只有法显一人广游西土，留学天竺，携经归来。

法显（约337—约422），本姓龚，平阳武阳（今山西临汾市西南）人。三岁出家当和尚，十八岁受戒，成为佛门子弟。他为求真经，决心西去天竺。东晋隆安三年（399年），法显从长安出发，同行的有同学慧景、道整、慧应、慧嵬等人。他们沿着西汉张骞通西域的道路往西走，经过千难万险，终于越过了塔克拉玛干沙漠，来到了世界屋脊葱岭。这里终年积雪，山路崎岖，狂风不停，法显等人又备尝艰辛，越过葱岭，到了亚洲西部苏莱曼山北部的小雪山（约今阿富汗喀布尔城东南）。这时，突然寒流袭来，同行的慧景支持不住去世。法显悲痛地掩埋好同伴的尸体，又继续前进。一路上，法显经历了罗夷、毗荼等三十余国，终于在义熙元年（405 年），到达印度中天竺笈多王朝的都城巴连弗邑（即香花宫城，又名华氏城，今印度巴特那）。他在巴连弗邑留学三年，学梵文、抄写佛经，如《摩诃僧祇律》《杂阿毗昙心》等。义熙三年（407 年）离开巴连弗邑，到达恒河口的多摩梨帝国（今印度加尔各答西南）。在此又住了两年，抄写经文，然后在义熙六年（409 年）冬，搭商船到达狮子国（今斯里兰卡）。这时，同行十余人，或中途停留，或死亡，只剩下法显一人。法显在那里又游学两年，找到一些佛经原本。义熙七年（411 年），法显从狮子国搭一商船返国，在海上漂泊九十余天，到达耶婆提国（今印尼爪哇），在此停留五个多月，在义熙八年（412 年）五月搭一商船到达青州府长广郡，当地名叫牢山（今山东青岛崂山），然后带着经书回到首都建康。他在建康道场寺与觉贤合作，先后译出《摩诃僧祇律》等经书，对推动涅槃佛性学说的发展，起了很大作用。有人请他写出游历天竺的详细经过，他就写成《佛国记》一卷，共九千五百多字，又名《法显传》《西游天竺记传》等。《法显传》所记除中国本土外，还包括了中亚、南亚和东南亚的地理、交通、宗教、文化、物产、风俗，乃至社会发展、经济制度等，还记载了中国和亚洲许多邻族邻国间的亲密友谊和文化交流，因而成为研究5世纪初亚洲历史的重要资料。19世纪以来，日本、欧洲等国学者纷纷从事《法显传》的翻译、整理和研究，他们都认识到这部著作的重大意义。

三、道教的发展和改造

道教是中国土生土长的宗教，与儒教、佛教合称“三教”，是中国传统思想文化的重要组成部分。道教根植于中国民众和社会生活中，对中国文化各个方面，如社会科学（哲学、宗教学、历史学、文学、民俗学、社会学）、艺术（书法、绘画、音乐、雕塑）、自然科学（化学、天文学、医学、养生学、气功）等都有影响。道教的思想渊源有鬼神崇拜和巫术、神仙崇拜、黄老思想、阴阳五行与谶纬神学等。秦汉时期的黄老道是它的雏形。道教产生于东汉末。原始的道教经典为《太平清领书》，即后世所谓《太平经》，其中虽然有大量维护统治阶级的言论，但也有一些反映劳动人民利益的思想，如主张平均主义、人人劳动等。这些思想曾为农民革命所利用。原始道教如太平道和五斗米道的活动，常常和农民起义相结合，如黄巾起义、孙恩起义等。

魏晋南北朝时期，封建统治者为了防止农民起义，对民间道教进行了控制和改造，创立了为门阀地主服务的道教。其代表人物有葛洪、陆修静、陶弘景、寇谦之等。

1. 葛洪和《抱朴子》

葛洪（约 283—341），字稚川，丹阳郡句容县（今属江苏）人，东晋道教思想家。出身于名门望族，但在他十三岁时，父死，家道中落。从葛玄的弟子郑隐学道。司马睿为相，用为掾属，后任咨议、参军等职。因镇压石冰起义“有功”，迁伏波将军，赐爵关内侯。他听说南方交趾出丹砂，求为勾漏（广西北流）县令，携子侄同往，到广州为刺史郑岳所留，于是在罗浮山炼丹，同时著述，后死于山中。

葛洪著作很多，约有三十八种，数百卷。代表作《抱朴子》内外篇七十卷。其内篇二十卷，总结了战国以来神仙家的理论，论述神仙方药、鬼怪变化、养生延年、禳邪却祸等，是道教的理论。外篇五十卷，论君臣上下、人间得失，内有反对鲍敬言《无君论》的《诘鲍篇》，是阐述他社会政治思想的政论性著作。总的说来，这部书攻击民间的原始道教，诬之为“妖道”“鬼道”，提出了以神仙养生为内，以儒术应世为外的政治主张，“内宝养生之道，外则和平于世。治身而身长修，治国而国太平。以六经训俗士，以方术授知音”。（《释滞》）把道教的神仙信仰和儒家的纲常名教结合起来，使道教成为维护封建统治的御用工具。

葛洪《抱朴子》内篇有一篇《神仙篇》，集中讲了他的神仙可学思想。长生成仙是道教追求的目标，也是与世界其他宗教宣扬彼岸世界如天国和极乐世界的根本区别。葛洪认为长生不死，“饮则玉醴金浆，食则翠芝朱英，居则瑶堂瑰室，行则逍遥太清”的神仙是确实存在的。而人们所以见不到神仙是因为感觉器官存在太大的局限。有人认为“有始必有终”“有生必有死”，长生是不可能的。葛洪说，“有生必有死”是一般的规律，而神仙是超乎一般的个别。以自然界的植物为例，一般植物都在夏天生长，但荠、菱却枯了；一般植物都在冬天凋零，但竹、柏却茂盛。在这里，葛洪是在诡辩；他把一般和个别对立起来，其实个别是与一般相联系而存在的；个别是一般的表现。超乎一般以外的个别是不存在的。葛洪认为，成仙要靠内修和外养两个方面的功夫。内修是内保精气，一是行气，即关于体内元气新陈代谢的理论，类似于后世的气功；二是房中术，主要是节制性欲；三是导引，即导气和引体，类似于现在的体操和按摩；四是守一，即形神相合，神不外驰，集中和控制自己的意念，类似于现在的心理健康。这些内修之功，除去其宗教迷信内容，就其气功、按摩、养生等而言，还是有积极意义的。外养主要是炼丹服药，即服用仙丹。在《抱朴子》中有“金丹”“黄白”等卷，主要是讲炼金术和炼丹术。炼金术，又叫黄白术，是想用贱金属制造金银等贵金属；炼丹术是用火法或水法制造金液还丹的方术，幻想制造长生不老的仙丹。炼丹就是用炉鼎烧炼铅、汞等矿石（或掺和草木药），以制“长生不死”丹药。因为主要原料为丹砂（即硫化汞），故通称炼丹术。金丹术的基本思想就是丹道合天地自然之道。道士把炼丹的鼎炉看成一个缩小了的宇宙，并用炼丹的化学反应来模拟整个宇宙的生成过程，使炼丹过程和天地之道相合，这样炼出来的还丹本身就是一种固化了的“道”，服用之后自然要同天地一样长存了。炼丹的原料有二十多种，常用的有丹砂、雄黄、白矾、曾青、磁石等。《金丹》篇说：“凡草木烧之即烬，而丹砂烧之成水银，积变又成丹砂，其去凡草木亦远矣。故能令人长生。”丹砂加热后生成汞和二氧化硫，继续加热，生成红色一氧化汞，外表与丹砂十分相似，故被误认为还成丹砂，称为还丹。还一次叫一转丹，转数少，药力不足，得仙迟；转数越多，药力盛，得仙速。实际上炼出来的丹药是有剧毒的水银，吃了会使人中毒。炼丹虽然荒谬，却积累了许多科学实验经验，成为近代化学的先驱。在炼丹中使用硫黄和硝石，极易爆炸，这种经验长期积累，必然导致火药的发现。炼丹与医药也有关系。在炼丹中发现了许多新的现象和新的东西，这些虽然不能使人长生，却能治病，由此推动了医药的发展。

2. 南朝道教的变革

东晋以来，道教的兴盛需要有大批道教经典来传播经义，因此，东晋南朝时，南方出现了大量道教经典，主要有《上清经》《灵宝经》《三皇经》，即道教所谓的《三洞真经》，由此也形成了上清派和灵宝派等道派。

南朝宋时出了一位著名道士陆修静（406—477），吴兴东迁（今浙江吴兴）人。出身于江南著名士族吴郡陆氏，早年博览儒家经典，后专心学道。婚后不久，离家入云萝山修道，长达三十余年。他在庐山东南瀑布下建立道观简寂观，隐居修道，故又称“简寂先生”。宋明帝刘彧即位后，为他在建康北郊天印山造了崇虚馆，陆修静在此居住约十年。在此期间，他孜孜不倦于南朝道教的改革，后死于建康。

陆修静对道教的发展的贡献主要有：（1）斋醮仪范的制定和完善。斋醮是道教特殊的宗教仪式，俗称“道场”。这种仪式一方面是道士自身传经授戒、日常修行的功课；另一方面也是为别人祈福禳灾，忏悔罪过，超度亡灵。陆修静依据早期五斗米道的斋法，主要是依据《灵宝经》中的斋法，在全面总结道教斋仪的基础上，将道教的众斋法分为九斋十二法。他写了斋醮书一百余卷，对斋醮仪范作了许多创造，使道教的斋仪基本完备。他是道教斋醮的奠基者。斋醮时在音乐伴奏下有唱词，内容一般是对神的赞颂和祈祷，称为“步虚词”。这是一种道教音乐和道教文学。陆修静也为道教斋醮写了不少步虚词。（2）整理道经，创造了“三洞”分类法。晋宋之际，新的道经大量涌现，主要是上清、灵宝、三皇三大经系。在流传过程中，由于伪造滥传，互相封锁，分散各处，使道经源流不明，十分混乱。陆修静对道书进行了整理、鉴别、校正，又创造了三洞四辅十二类的道经分类体系，成为后来各朝代编修道经所沿用的分类法，现存明代正续《道藏》也按此分类。（3）创立了南天师道新的宗教组织。五斗米道（又称“天师道”）在张鲁割据汉中时已有政教合一的组织形式，如分二十四治、设祭酒、一年三会等。张鲁投降曹操后，天师道组织分化，祭酒制度衰落。随着民间道教向官方道教的转化，也需要整顿道教组织、完善教规教仪。陆修静以道教灵宝派为核心，以三洞经书为经典，制定了一套斋醮仪式，建立了比较完善的宗教组织（道馆，唐代改馆为观）。这个新的代表统治者的道教称为南天师道。

继陆修静之后，南朝又出现一位道教思想家、炼丹家、医药学家陶弘景。

陶弘景（456—536），字通明，丹阳秣陵（今江苏南京）人，自号华阳隐居。出身江南士族。自幼好道，读葛洪《神仙传》，向往隐居生活。后拜陆修静弟子东阳道士孙游岳为师，得受符图、经法、诰诀。永明六年（488年），正式归隐于句容曲句山（今江苏句容茅山），传上清大洞经箓，主上清经说，开道教之茅山宗。梁武帝建国时，他援引图谶及齐末童谣“水丑木”，称“梁”字为应运之符，遂定国号。后长期深居山林，炼合飞丹。梁武帝每有国家大事，必往询问，时称“山中宰相”。

陶弘景博学多才，对儒道释、阴阳五行、风角星算、山川地理、方园产物、医药本草等无不通晓。著作很多，约有三十六种、二百一十九卷。《南史》本传说他“读书万余卷，一事不知，以为深耻”。

作为一个宗教领袖和道教学者，陶弘景的贡献主要有：(1) 总结发展上清派修炼方术，创立茅山宗。茅山西接金陵，东望太湖，山形曲折，洞墟天成。相传汉时茅盈及其弟固、衷在此山修道成仙，乘白鹄西去，百姓立庙祭祀。陶弘景来茅山后，带领弟子，苦心经营，开设道馆，招聚徒众。他在总结和改造葛洪的金丹道教、杨羲《上清》经箓道教和陆修静南天师道的基础上，创立了以上清派为中心的茅山宗。该道派以《上清大洞真经》为主要传承；在方术上，主张思神、诵经、修功德，兼及辟谷、导引和斋醮。在山上，陶弘景长期从事炼丹的实验，并写下了炼丹的著作。(2) 建立起道教神仙的谱系。道教是多神教，魏晋以来，出现了为数众多的神灵，纷繁复杂，诸神名号变化不定。陶弘景在《真灵位业图》中，将道教一切神灵分成等级，排列名次，按照现实世界士族门第等级，建立起一个严格等级的神仙世界。他把众神分为七级。每级有中位之神，还有居于辅佐地位的左右之神。七阶中位之神依次为：元始天尊、玉晨玄皇大道君、金阙帝君、太上老君、九宫尚书、定箓真君、丰都大帝。陶弘景把诸神仙和大量历史人物如孔子等，尽量分次列入，共排定四百三十多位神仙。这是在道教史上第一次构建了神仙系统，对道教史影响很大。（3）吸收儒佛理论，鼓吹三教合流。陶弘景精通儒学，对许多儒家经典都做过注。在他的重要著作《真诰》（带有教派史性质的书）中，宣扬忠、孝等儒家伦理道德。他也敬重佛教，曾到鄮县（今浙江宁波）佛教阿育王塔自誓，受五大戒。又在茅山中立佛、道二堂，隔日朝礼。在当时，儒、道、佛三教互争首位，斗争不断。陶弘景意在调和三教，佛道双修，兼容并包。他要创立一种以道教为主体的，兼容释、儒的新宗教，这就是道教茅山宗。此外，陶弘景还有《本草经集注》《养性延命录》等著作，对医药学、养生学做出了贡献。陶弘景是南朝道教改革中的集大成者。

在魏晋南朝道教由民间道教向官方道教转变过程中，经过葛洪、陆修静等人，到陶弘景可以说是基本完成了。

3. 北朝道教的发展

在北朝也和东晋南朝一样，经历了一个由民间道教向官方道教转变的过程。在这个过程中，起重要作用的是北朝道教领袖寇谦之。

寇谦之（365—448），字辅真，原籍上谷昌平（今属北京）人，后迁冯翊万年（今陕西临潼北）。寇氏为秦雍大族，其兄赞，为北魏南雍州刺史。寇谦之十八岁即倾心慕道，初修张鲁之术，后遇“仙人”成公兴，先后在华山和嵩山随其修道七年，后隐居嵩山。

寇谦之改革旧天师道，假托天神授其经典。第一次是神瑞二年（415 年）十月，寇谦之称在嵩山遇到太上老君乘云驾龙，带领仙人玉女从天而降，授给天师之位，又赐以《云中音诵新科之诫》二十卷，又名《老君音诵经戒》。太上老君说：“吾此经诫，自天地开辟以来，不传于世，今运数应出。汝宣吾《新科》，清整道教，除去三张伪法，租米钱税，及男女合气之术。大道清虚，岂有斯事。专以礼度为首，而加以服食闭练。”同时派十二人授给寇及其十余弟子服气、导行、辟谷等口诀法术。第二次是泰常八年（423 年）十月，自称太上老君玄孙的李谱文授给寇谦之《箓图真经》六十卷，让他“辅佐北方太平真君”，即北魏太武帝拓跋焘。

寇谦之改革旧的民间道教，主要有废除五斗米道三张（张陵、张衡、张鲁）的所谓“伪法”，即收取五斗米会费的租米钱税制度、祭酒（道官）制度、二十四治的基层组织形式，男女合气之术（即房中术）等。同时创造了一些道教斋醮仪式、吸收了儒家礼法内容、把佛教的“生死轮回”思想引入道教。这样，寇谦之从原始道教中清除了能为农民起义所利用的思想内容，建立起了适合统治者需要的新道教，这就是北天师道。北魏太武帝对寇谦之十分尊崇，拜其为天师，专门为他在京城东南起天师道场，重坛五层。太武帝亲自到道坛受符箓。此后，北魏诸帝初即位，都要去道坛受符箓。

寇谦之所创北天师道，标志着北方由民间道教向官方道教转化的完成。在今河南嵩山中岳庙，有《嵩高灵庙碑》，称寇谦之隐处中岳三十余年，后“辅导真君，成太平之化”，即帮助魏太武帝建立政教合一的政权。

第五章　文学、史学和艺术

一、文学的发展

两晋南北朝时期文学已摆脱了两汉经学的束缚，成为一门独立的学科；在诗赋、民歌、小说、文学批评、散文等各方面都有较大的发展，对隋唐及隋唐之后我国文学事业产生了巨大的影响。

1. 西晋“太康体”

晋武帝建立西晋、统一全国后的太康年间（280—289），战争减少，社会相对安定繁荣，历史上称为“太康之治”。这一时期在诗歌上也是一个繁荣时代。钟嵘在《诗品》序中说，这时期有三张（张载、张协、张亢）、二陆（陆机、陆云）、两潘（潘岳、潘尼）、一左（左思），使诗歌“勃尔复兴”。但是，总的说来，这时期的作品内容较贫乏，走上了形式主义的道路。他们在艺术的加工上不遗余力，追求语言声色之美，讲究句法的对偶整齐，内容却脱离现实，缺乏高远的意义。只有左思的《咏史》诗八首，托古讽今，对门阀制度表示强烈不满，写出了“世胄蹑高位，英俊沉下僚”等诗句。值得一提的是，左思还构思十年，写成了《三都赋》，即《蜀都赋》《吴都赋》《魏都赋》，对成都、建业（今南京市）、邺（今河北临漳）三城作了淋漓尽致的描绘。此赋在艺术形式上颇受东汉班固《两都赋》、张衡《二京赋》的影响，但全文的主旨，是论述立国的根本在于政治设施而不在自然条件。《三都赋》写成后，得司空张华的赞扬，蜚声文坛，豪富之家竞相传写，洛阳为之纸贵。后世遂用“洛阳纸贵”成语比喻作品有价值而广为传播。

2. “田园诗人”陶渊明

晋宋之际，正当文坛上盛行雕琢绮丽的形式主义文风时，出现了一位现实主义诗人陶渊明。他留下的一百二十多首诗中，大多是真实反映他对现实生活的态度和思想感情，没有华丽和艰涩的词句，许多歌唱农村景色和村居生活的诗，平实、朴素，散发着泥土的清新芳香。由于他的诗大多描写田园的悠闲生活，因此被人称为“田园诗人”。田园诗也就成为中国诗史上的一个流派。

陶渊明（365 或 372 或 376—427），字元亮，号五柳先生，晚年更名潜。浔阳柴桑（今江西九江西南）人。曾祖陶侃做过大司马，祖父陶茂、父陶逸曾做过太守。但到陶渊明时，家道中落，生活艰难。陶渊明受到传统儒家文化的熏陶，少年时就怀着建立功业的壮志，“忆我少壮时……猛志逸四海”。东晋太元十八年（393年），他二十九岁时，出仕任江州（治柴桑，辖境今江西、福建）的祭酒，不久辞归。元兴三年（404年）四十岁时任刘裕的镇军参军。次年又任刘敬宣的建威参军。到任不久，他感到内心十分矛盾，“饥冻虽切，违己交病”，比饥冻更难受。一天，郡里督邮到县。县吏劝他“应束带见之”，以示恭敬。陶渊明本性正直耿介，说：“我岂能为五斗米的俸禄而折腰向乡里小儿!”当天就离职还乡。这次出仕仅八十多天，从此不再出仕。此后二十多年，尽管他不断遇到火、旱的灾厄，以致饥寒而乞食，不管亲身参加的农事如何辛苦，他一直以固穷的高尚精神坚持至终。最终，陶渊明在贫病交迫中去世，终年六十三岁。

陶渊明辞官回家后，写了一篇《归去来辞》，描写他归家后的喜悦心情。他认为过去出仕是“心为形役”，即心志为形体役使，为生活所迫，违反了本愿。现在则是“悟已往之不谏，知来者之可追，实迷途其未远，觉今是而昨非”。下决心与腐败的官场决裂。此后，他经常参加劳动，接近劳动人民，使他的作品具有真实情感和强烈的生活气息。

他的《归园田居》，写出了田园景物的美好和他对生活的热爱以及他亲身参加农业生产的经历和思想感情。还流露出他不愿与现实的官场同流合污，不愿违心地随俗浮沉。他把仕途称为“尘网”“樊笼”，他感到离开他所憎恶的污浊世俗，就好像鸟飞归山林，鱼游回池塘。

陶渊明的代表作品中有一篇优美的散文《桃花源记》，那是《桃花源诗》的序。故事大意是：东晋太元年间（376—396），有一个武陵捕鱼人，沿着溪流划船前行，走迷了路，忽然发现一片桃花林。渔人十分奇异，继续往前。林的尽头正是溪流的源头，有一座小山，山边有一小洞，洞口隐约有光。渔人下船入洞，开始很狭窄，走了一段，眼前突然开阔明亮。里面土地平坦，房屋整齐，风景秀丽。男女老少衣着与众不同，个个安适自乐。他们见了渔人，十分惊奇，问他从何而来。渔人一一回答。于是便邀请渔人至家中，杀鸡温酒款待。渔人从谈话中知道他们的先人是避秦乱住到这里来的，久而久之，遂与外人隔绝；不知道世上已经历了秦汉魏晋等朝代。村人得知外界消息，个个叹惋不已。数日后，渔人告辞。在回家路上处处做了标记，到了武陵郡见了太守，说了如上情况。太守立即派人随渔人前往，寻找标记，结果迷了路，什么也没找到。以后就再也没有人到过桃花源。

这是一篇美丽动人的寓言，描写了一个乌托邦式的理想社会。桃花源的社会是多么令人向往！那里没有官吏，没有捐税，没有压迫，没有欺诈，一切都淳朴安乐。这与尔虞我诈、欺压剥削、动荡不安的现实社会，是多么鲜明的对比！诗人对这个理想社会的向往，曲折表达了其对现实社会的不满。诗人的思想与鲍敬言的《无君论》一脉相承，表达了追求幸福生活的理想。

陶渊明的诗对后世有巨大的影响，成为中国文学史上的瑰宝。

3. 南北朝民歌

南北朝是中国文学史上民歌又一个发展的高峰。当时这些民间作品，因为主要是乐府（汉时设，掌管音乐的机关，其重要任务之一是“采诗”，以观风俗。）所搜集，后人就称为“乐府诗”。这些诗集中在宋朝郭茂倩所编《乐府诗集》中，分别隶属于“鼓吹曲”“相和歌”“杂曲”“清商曲”“横吹曲”“杂歌谣辞”等六类。

南朝的乐府民歌流传下来的有四百八十余首，全在“清商曲”之部。这些民歌分为“吴声歌”“西曲歌”“神弦歌”三部分。“吴声歌”产生于江南，以当时首都建康（今南京市）为中心，这里是当时政治、经济和文化中心，诗产生时代大致在东晋至南朝宋文帝时。“西曲歌”产生于长江中游和汉水两岸的城市，以荆（今湖北江陵）、郢（今湖北宜昌）、樊（今湖北襄樊）、邓（今河南邓县）等地为中心。这里是西部军事重镇，经济、文化也很发达，诗产生时代大致在宋初至梁时。这些诗由于地域不同，风土情调迥异。吴歌婉转柔和，西曲急迫紧促，但都是描写爱情相思和离愁别恨的情歌，多出自女子之口，具有缠绵婉转、清新秀丽的特点。“神弦歌”为民间祭歌，数量极少，内容也简单。

“吴声歌”中以《子夜歌》最著名。一共四十二首，都以描写少女热恋为题材。它往往运用单纯朴素的语言，来表达少女的天真和痴情。如：“夜长不得眠，明月何灼灼。想闻散唤声，虚应空中诺。”写少女夜晚相思出神，不能入眠，仿佛听见情人的呼唤声，而空自答应。又如：“侬（我）作北辰星，千年无转移，欢行白日心，朝东暮还西。”诗中少女自比北斗星，爱情专一，而男子却如太阳，朝在东方暮到西边。

“西曲歌”中，大都是描写女子在水上船边与旅客的离别感情。如：“布帆百余幅，环环在江津。执手双泪落，何时见欢还。”江津在湖北江陵附近，这里有许多准备远行的船只。诗歌描写了女子送行时的深厚感情。

南方民歌主要产生于长江中下游商业城市，因而多数反映城市生活，所抒写的感情仍极纯真、质朴，与“宫体诗”截然不同。在形式上，一般都是五言四句，对以后唐代五言绝句的发展起了积极的作用。

北朝乐府民歌大部分收集在“梁鼓角横吹曲”中，约六十多首，一部分从少数民族语言翻译，一部分是北人用汉语创作的。其中也有不少汉族民歌。

北朝民歌题材宽广，内容丰富。除情歌外，还有战歌、牧歌，以及反映人民痛苦生活的歌谣。这些歌谣具有豪放爽朗、慷慨激昂的风格，其价值较南方民歌为高。

北朝民歌中，描写游牧生活的，以《敕勒歌》为代表：“敕勒川，阴山下，天似穹庐，笼盖四野。天苍苍，野茫茫，风吹草低见牛羊。”诗的作者斛律金（488—567），本为敕勒族（即高车族）酋长，为东魏开国功臣，任大司马。孝静帝武定四年（546年），他随高欢攻北周玉壁（今山西稷山西南）。高欢失败发病，军中讹传欢死。为安定士兵，高欢命斛律金唱此歌，自己和之。歌本鲜卑语，后由汉人用汉语记录下来。敕勒川在今内蒙古河套西北阴山之南土默川平原。这首诗共二十七字，却写出了草原的空阔无垠、浑朴苍茫，显示了高度的艺术概括力。最后一句见出水草畜牧之盛，景色如画。全诗一气贯注，音调浑壮，千百年来脍炙人口。

北朝民歌中最突出的代表作是《木兰诗》。诗中塑造了一位女英雄的形象。她女扮男装，代父从军。十年戎马生涯，身经百战，未被同伴识破。胜利归来后，不要封官受赏，情愿回家做一个普通的劳动妇女。花木兰的淳朴、勇敢、坚毅、机智、热爱劳动等性格，是中华妇女各种优秀品质的集中表现，因而花木兰也成了人们心中的女英雄。

《木兰诗》在艺术上也有很大特点。它以质朴、生动、明快的语言和诙谐的情趣表达出丰富的思想感情。它连续运用复叠和排比，造成节奏和音乐性。它叙事有详有略。“万里赴戎机，关山度若飞。朔气传金柝，寒光照铁衣。”四句，以精练的笔墨，勾画出她长期军戎生活的一斑。最后四句“雄兔脚扑朔，雌兔眼迷离；双兔傍地走，安能辨我是雄雌？”用双兔的比喻为结尾，让人回味无穷。

南北朝民歌以其鲜丽活泼、雄健质朴的风格，为广大人民群众所喜爱和传颂。它是现实主义文学的代表。

4. 志怪小说和笔记小说

魏晋南北朝时期的小说主要有记述神鬼怪异的“志怪小说”和描述传闻轶事的“笔记小说”。

“志怪小说”留存至今的共有三十多部，其中较有代表性的是：（1）晋干宝《搜神记》二十卷。今本已非原书，由后人从《法苑珠林》《太平御览》等书辑录而成。所记多为神怪灵异，也保存了一些民间传说。如《韩凭夫妇》一则描写韩凭夫妇固执于爱情的坚贞，不为宋康王暴力所屈，最后自杀而死，二冢上大树旬日而相抱，“屈体相就，根交于下，枝错于上。又有鸳鸯，雌雄各一，恒栖树上，晨夕不去，交颈悲鸣，音声感人。宋人哀之，遂号其木曰相思树”。这与以后梁祝化蝶故事用意一致。（2）晋王嘉《拾遗记》，梁萧绮加以整理。共十卷。前九卷记上古以下各代异闻，末卷记昆仑、蓬莱等仙山事物。

内容多宣传神仙方术。萧绮常在原文之后附加评论。（3）梁吴均《续齐谐记》一卷。原书已佚，鲁迅《古小说钩沉》中辑录十余则。刘宋时有东阳无疑著《齐谐记》七卷，取《庄子·逍遥游》中“齐谐者，志怪者也”语为书名。此书已佚。吴均书系续东阳无疑书而作，所记也是怪诞之事。

“志怪小说”的出现与东汉末年的道教盛行、佛教也流传渐广有关。由于社会上谈说神鬼灵异之事渐多，一些文人就把这些故事整理辑录成书。这些故事虽然多荒诞不经，但也部分反映出人民的爱憎和理想，表现出机智勇敢等精神品质，具有一定的人民性。“志怪小说”对唐代小说产生较大的影响，唐初传奇小说多有志怪内容。

“笔记小说”是描述历史人物的传闻轶事的小说著作，它不再像志怪小说那样杂有神仙鬼怪等成分。东汉末年，乡党品题士人风气盛行，魏晋以后，在门阀制度下，对人物的品题更为重要，这种评价很注重语言的精妙。于是就产生了以《世说新语》为代表的笔记小说。

《世说新语》，南朝宋临川王刘义庆撰，原为八卷，今本作三卷。分德行、言语、政事、文学、雅量、识鉴等三十六篇，收录汉初至宋初人物的言谈轶事，以晋代为最多。虽然取材琐细，记载零碎，但对当时士族的思想、生活和清谈放诞的风气，却有所反映，使人能从中获得一个粗具轮廓的印象。此书语言精练，词意隽永，往往用简短语言勾画出人物的性格和特征。如石崇宴会，请王导、王敦喝酒，让美人去劝酒，不喝即杀美人。王导不会喝酒，只得勉强饮下，以致大醉，而王敦坚持不饮，石崇连杀三美人，王敦则说："他杀自家人，管他做什么!"二人不同的性格特征，一个宽厚，一个残忍，在简短文字中得到了充分的表现。《世说新语》既是笔记小说集，也是一部杂史体史书，在史学上也很有价值。这部书保留了许多有价值的史料，如曹植"七步诗"即出于此书。对魏晋上层社会士大夫政治斗争、社会风尚、人际关系，以及王导、桓温、谢安等人物的有关事迹，在书中多有描述。所以《世说新语》既是魏晋笔记小说的集大成者，也是研究"魏晋风度"的基本材料。

现存《世说新语》的最早注释是梁刘峻（孝标）所注。刘义庆原书八卷，刘孝标作注乃分十卷。孝标学识渊博，所引之书达四百余种，现多散佚，赖此书得以保留部分传世，且能纠正原本之误。刘注和裴松之《三国志注》、郦道元《水经注》，同为被人们公认有价值的史注。

5. 文学批评和文学理论

自曹魏建安年间以后，文学艺术出现了空前繁荣的盛况，各种文学形式由发展而趋于成熟，于是文学批评和文学理论也获得了很大的成就。在南朝产生了三部总结性的文学著作，就是《文心雕龙》、《诗品》和《文选》。

《文心雕龙》，梁刘勰撰。五十篇，三万七千字。刘勰（约465—约532），字彦和，原籍东莞莒县（今属山东），世居京口（今江苏镇江）。出身士族，少孤，家贫不婚娶，依沙门僧祐，通佛教经论，又崇儒学。历仕梁奉朝请，东宫通事舍人。约在他三十三至三十四岁时，写成了《文心雕龙》，得到当时文坛领袖沈约赞赏。晚年出家为僧，改名慧地。

《文心雕龙》是一部文学评论专著，也是古代的一部文学概论。内容主要有：（1）文学总论。讲文学批评体系的根本原则。认为文学作品必须有文采，但应该是由相应的内容所决定的自然文采；又认为应该以儒家经典为原则，以圣人为师。（2）文体论。讲文体的起源和发展、文体的名称和意义；对各时期有代表性的文体进行评论；总结各文体的特点及写作要领。（3）创作论。即创作应遵循的准则。诸如素材的准备、创作过程中的想象和构思，文章结构、篇章、造句、遣词等。大多是文学理论史上第一次所作专题论述，是本书的精华部分。（4）批评论。即文学批评的方法和标准。既要注意内容、思想、主题，又要注意形式，如布局、造句、用典、声律等。最后一篇《序志》，说明作者写此书的动机、意图、态度，以及全书内容的安排等，是总结全书的自序。

《文心雕龙》针对当时雕章琢句的形式主义风气，强调了文学的社会功能和内容。作者认为文学应该经世致用；主张先内容后形式，内容对形式起主导作用。

在《文心雕龙》以前，讨论文学的有曹丕的《典论》、陆机的《文赋》等，但都偏而不全。刘勰对每一个具体问题都以专题阐发，加以系统、全面、深入地讨论，因而成为我国第一部文学批评专著，树立了一个里程碑。

《诗品》是评论五言诗的文学批评名著。作者钟嵘，字仲伟，颍川长社（今河南长葛东）人。梁时官至晋安王记室。成书约在梁天监十二年（513 年）以后。

《诗品》是汉魏以来五言诗的总结。它把两汉至梁一百二十二位作者分为上中下三品，列入上品十一人，中品三十九人，下品七十二人。对每人都给以扼要的评论，直率褒贬。

钟嵘认为，评价诗歌必须兼有充实的内容及华美的文采，要耐人玩味，受到感染，这才是诗歌的高峰。他最推颂曹植，认为他的诗“骨气奇高，词采华茂”。钟嵘反对当时贵族文坛的诗歌一味追求声律，滥用典故。他认为这样做伤其真美，文章如同抄书。他主张写诗要有真实感情，有赖于客观事物的感召。“气之动物，物之感人，故摇荡性情，形诸舞咏。”特别可贵的是，他重视社会生活的矛盾，将它作为诗歌创作的动力。

《诗品》开了结集评诗的先河，但把作家分为上中下三品，并将潘岳、张协置于上品，陶渊明、鲍照列为中品，曹操置于下品，却是不公正的。

《文选》，三十卷，梁昭明太子萧统（501—531）撰。萧统是梁武帝长子，因死后谥昭明，又称昭明太子。他喜山水，爱好文学，其宫名士云集，藏书近三万卷。这部书实际是他召集当时著名学士编纂的，故又名《昭明文选》。

《文选》是我国最早编选的诗文总集，共收录了从周代至六朝一千七八百年间一百三十位作者的作品五百余篇，按文体分为诗、骚、七、诏、册等三十八类，各类中以诗、赋两类所收作品为最多，约占全书的一半。选录的范围，凡属经书、诸子、历史传记等一律不选，但历史传记中的赞、论、序、述却可选录。萧统对文章的选择标准即：题材、内容要有意义，在形式上必须有语言文采之美。所以在《文选》中，辞藻华丽、声律和谐的楚辞、汉赋及六朝骈文等，占有相当比重。

《文选》问世以后一千多年一直行世不废，成为一部有重大影响的选本。在我国浩如烟海的古籍中，除了儒家经典外，以一部书为学者们所研究而能成为一门学问的并不多。如研究《红楼梦》，称为“红学”；而专门研究《文选》的，被称为“选学”。唐代以诗赋取士，注重文采，《文选》就成为读书人的案头必备书。唐士人说：“《文选》烂，秀才半。”可见其影响之大。

《文心雕龙》、《诗品》和《文选》三部书相辅而行，使后人可以大致了解齐梁以前文学的概貌。

6. 骈文的盛行

两晋南北朝是骈文（即骈体文）盛行的时代。骈是对偶、并列的意思。所谓骈文，就是一种要求词句整齐对偶的文体；同时也重视声韵的和谐、辞藻的华丽。对偶就是把字数相等的两个句子排在一起。一般都为四字句或六字句。对偶是汉语特有的句式，因为汉语为独音体文字，可以字数相等和词义对称。不仅上下句字数相等，而且句式相同，相对的词其词性也基本相同，使人读时音节和谐。骈文还讲究辞藻的敷设、典故的运用等。

骈文在东汉时已渐多起来，到两晋南北朝达到了高峰。南朝宋时颜延之、谢庄作文讲究雕琢藻饰、用典故，世称“颜谢”。齐梁之际，骈文达到最繁荣时期，以沈约、任昉、谢朓、王融等人为代表的所谓“永明（齐武帝年号）体”，修辞更加工整。沈约创四声八病之说，规定诗中要讲究“平、上、去、入”四声的分别，避免八种韵律上的毛病。这样，在文章中更要注意调节声律，句法上力求匀称，有抑扬顿挫之美。南北朝末年，徐陵、庾信的作品被奉为骈文的典范，称为“徐庾体”。徐陵曾编《玉台新咏》，其序文是一篇辞藻华丽、对仗工稳的骈文。庾信是六朝集大成的作家，也是唐代诗歌的先驱。他的《哀江南赋》的序文也是用骈文写成，十分有名。

在两晋南北朝，由于门阀士族生活贫乏，他们的文风只追求形式上的辞藻华丽和对偶工整，因而使一切文章都骈偶化。骈文大多空虚贫乏，没有什么现实意义，但也有少数作品有一定内容；有一些文章写山水景色，清新优美，颇有成就。如梁吴均的《与朱元思书》，写富阳到桐庐一段的山光水色，十分优美，是骈文中的佳品。梁丘迟所作《与陈伯之书》，也是骈文中优秀之作。此外，沈约的“声病说”，也为我国诗歌讲求声律奠定了基础，对唐以后律诗、绝句发展有很大的影响。

二、史学的成就

1. 史学发展的特点

两晋南北朝是史学重大发展的时代。主要表现在：(1) 史学从过去经学的附庸，发展为一个独立部门。西晋荀勖把图书分为四个部类：甲部六艺、小学；乙部诸子、兵书、术数；丙部史书、杂事；丁部诗赋、图赞、汲冢书。史书这才独立成为一个门类。东晋李充作《晋元帝书目》，把乙、丙两部对调，大体上确定了后世经、史、子、集四部顺序。到《隋书·经籍志》就真正奠定了四分法。史书成为第二大类即乙部，一直延续到近代。(2) 史著急剧增多。据东汉班固《汉书·艺文志》中《春秋》项下所收史部著作，只《国语》、《世本》、《战国策》及《史记》

等11种350余篇（卷）。到《隋书·经籍志》，史籍数量达874部，16558卷，约占当时图书种类和卷帙的五分之一和四分之一。私家修史发达。《隋书·经籍志》说："一代之史，至数十家。"如记述东汉的史书有：吴谢承《后汉书》；西晋薛莹《后汉记》、华峤《后汉书》、司马彪《续汉书》；东晋谢沈《后汉书》、袁宏《后汉记》、袁山松《后汉书》；南朝宋刘义庆《后汉书》等。宋范晔《后汉书》正是在以上众多的著述基础上产生的。范晔以后，还有梁萧子显的《后汉书》、王韶的《后汉林》。三国、晋、南北朝的历史也如此。(3) 史学领域扩大，种类、体裁多样化。有通史、断代史，有编年体、纪传体。除"正史"外，还有讲典章制度的"职官篇""仪注篇""刑法篇"；讲少数民族史的所谓"霸史"；讲舆地之学的"地理书"；讲姓氏之学的"氏姓之书"；有专门的传记史学"杂传"；有打破纪传体束缚的"杂史"；有地方性的史书；还有佛教和道教的史书；家谱和族谱；等等。《隋书·经籍志》史部分为正史、古史（编年体）、杂史、霸史、起居注、旧事、职官、仪注、刑法、杂传、地理、谱系、簿录十三门类。可见史学领域已打破了纪传体"正史"的框架，出现了许多新门类的著作。出现史学繁荣的局面主要是由于社会动乱，官府控制史学的格局被打破了。史书除了官修的以外，又有不少私修，互相竞争，造成了百花齐放的局面。地方经济的发展、纸的普遍应用，也为史书的涌现创造了条件。

2. 正史的编撰

这一时期作为正史的史学著作是《后汉书》、《三国志》（这是著名的前“四史”中的后两部，前两部为《史记》《汉书》）、《宋书》、《南齐书》和《魏书》。

《后汉书》。记载东汉的历史，共一百二十卷，其中“本纪”十卷，“列传”八十卷，“志”三十卷，南朝宋范晔撰。“志”为梁刘昭把晋司马彪《续汉书》的志部分抽出加以注解而成。

范晔（398—445），字蔚宗，顺阳（今河南淅川南）人，出身世族地主家庭。少好学，博涉经史，善为文章，宋时官至左卫将军、太子詹事，专掌禁旅，参预机要。后有人告发他与孔熙先等密谋迎刘义康为帝，入狱后被处死。

范晔修史的主要蓝本是东汉官修的《东观汉记》，也参考了其他各家史书。《后汉书》有些传刻画人物很成功，如藏洪意气慷慨，激动人心；大官僚胡广贪位惧祸。范晔还独创了一些新的类传，如党锢、文苑、独行、方术、逸民、列女等，通过这些类型的人物，宣扬儒家的封建纲常伦理。《后汉书》文字简洁，叙事明白，无愧于“四史”之一。《后汉书》问世后，众家所修的后汉史逐渐失传。

《三国志》。陈寿撰，是记载魏、蜀、吴三国的历史。

始于汉献帝初平元年（190年），终于西晋太康元年（280年），共六十五卷，其中《魏志》三十卷，《蜀志》十五卷，《吴志》二十卷。

陈寿（233—297），蜀汉巴西安汉（今四川南充北）人，字承祚，好学、质直，有良史之才。历任卫将军、东观秘书郎、佐著作郎、御史治书。《三国志》魏、吴二国主要根据是王沈《魏书》、韦昭《吴书》、鱼豢《魏略》等书。唯蜀国无史，陈寿就直接采集资料。他在蜀亡时即注意蜀事，虽不及魏、吴官史那样丰富，但终于完成蜀书。

《三国志》取材精审，文笔简要。它把三国分为三书编写，在断代史中也别具一格。由于陈寿的史学、文学都很好，后人把这部史书也列为“四史”之一。

《三国志》的缺点是过于简略，仅有纪、传，没有表、志。后南朝宋裴松之为它作注，引用史著达二百一十种，注文超过原书数倍。这些书后多佚失，赖裴注才得以流传部分。裴注《三国志》采用兼容并包，广集诸说，求同存异，不加评判。这种注法，开创了注史的新例。

《宋书》。记载南朝宋的历史，一百卷，梁沈约（441—513）撰。沈约历仕宋、齐、梁三代，官至国子祭酒、吏部尚书、尚书仆射，是当时很有影响的文学家和史学家。沈约出身门阀士族，因此很注意为那些著名的士族立传；传中没有什么功绩可言，只是宣扬其“名家”“素论”。因此《宋书》篇幅较大。尽管如此，此书仍有很高的价值。首先，《宋书》八志材料系统而丰富。八志共三十卷，所记内容不限于刘宋一代，而是上溯三国，既是补阙，又用以溯源。《州郡志》在地理沿革和户口统计之外，还记录了侨州郡县的分布情况，比《晋书·地理志》优胜。在《乐志》中记录了汉魏以来很多诗歌，为文学史研究提供了良好资料。《律历志》记载了杨伟《景初历》、何承天《元嘉历》、祖冲之《大明历》全文，体现了当时天文学的伟大成就。遗憾的是，《宋书》没有食货志和刑法志，有关内容记在列传中，如《孔灵符传》记有关徙民之事，《何尚之传》记关于钱帛的议论，《羊玄保传》记占山湖之科，《周朗传》记赀课的危害，等等。《符端志》三卷，记上古以来所传怪异不经之事，不但无益，而且累赘。此外，《夷蛮传》中记述林邑、扶南、师子、天竺、高句丽、倭国等国的材料，对于研究当时我国与东南诸国和朝鲜、日本的经济文化交流，也有重要的参考价值。

《南齐书》。记南朝齐朝的历史，六十卷，梁萧子显（约 489—537）撰。萧子显为萧嶷之子，齐高帝萧道成之孙。他撰《齐书》是为其本家写史。在梁初萧子显撰写齐史之前，已有不少南齐旧史，如沈约《齐纪》二十卷、江淹《齐史》十三卷等，这些都是萧子显所本。萧子显是齐梁时代人，故其《齐书》中史事的真实性程度较为可靠。如对当时统治集团内部的斗争、唐寓之领导的反检籍斗争、祖冲之的生平与成就等，都是研究当时社会与科学文化的重要资料。但《齐书》除萧嶷、萧子良等传较详外，大多数记事简略，有些传，记事比《南史》（唐李延寿撰）还少，如《南史》记齐武帝免逋城钱、省州郡县送故输钱等事，《齐书》不记。此外，与当时其他史书相比，《齐书》文笔也是较差的。

《魏书》。记载北魏的历史，一百一十四卷，北齐魏收（507—572）撰。魏收在北魏时任中书侍郎，兼修国史。北齐时任中书令兼著作郎，奉诏编撰《魏书》，后累官至尚书右仆射。关于魏收为人，当时人认为他史德不好，趋附避讳，是非不公，借修史发泄个人恩怨。他曾扬言："何物小子，敢与魏收作色，举之可使上天，按之当使入地。"因此，书成后，遭到很多人的反对，前后列诉的有百余人。由于朝廷大官杨愔、高德正等人袒护，诸讼史者都遭打击，但齐文宣帝也只好下令暂勿颁行。并在以后二十年内，前后有过三次修改。但是从现存《魏书》来看，内容并不芜杂猥亵，记事也明快清晰。所以《魏书》虽有恶名，仍然是宋朝所列十七种正史之一。

《魏书》的一些"志"也是很有价值的。例如《食货志》是六朝人所撰史书中仅有的，由此得以了解北魏时的重大财政经济措施。志中所载均田制内容，不仅是研究北魏经济的原始材料，而且对研究北齐、北周、隋、唐均田制也是重要参考资料。《官氏志》是新创的，其中除了记载北魏官制的发展变化外，还叙述了鲜卑氏族名称及其改姓，是研究拓跋部落发展、扩大和汉化的重要资料。《释老志》专门记述佛、道二教的流传及道教的改革情况，从中可考见僧俗地主之间、佛教与政府之间的矛盾斗争以及寺院地主与人民之间的种种复杂关系。总之，通过《魏书》，我们得以了解鲜卑族封建化及北方各族人民走向融合的历史过程，对于研究中华民族的发展史具有重要的参考价值。

3. 其他形式的史书

前已所述，两晋南北朝时期史学领域扩大，除了正史外，出现了多种形式和不同题材的史书。这里略述四种。

《华阳国志》。十二卷，常璩撰。常璩，蜀郡江原（今四川崇州）人，曾仕于十六国中之成汉。其书叙事，始自远古，以至成汉灭亡之时（347 年）。《史通·杂说》视之为地理书，《隋志》《宋志》列入霸史，两唐志称为伪史。实际上，它同时记述地理、历史、人物，这种体裁是以往所没有的。

华阳，即华山之阳，其地为晋朝的益、梁、荆、宁四州，即今四川、云南、贵州、湖北、陕西各一部分。书中《巴志》《汉中志》《蜀志》《南中志》叙述这一地区的历史地理情况；《公孙述·刘二牧志》《刘先主、后主志》记汉及三国史事；《大同志》叙述蜀汉灭亡后至巴氏李氏兴起以前的史实；《李特、雄、期、寿、势志》叙成汉的兴亡史，这两卷是全书中最为可贵的部分。另有《汉中士女》《后贤志》，分别记前代和当代人物自先汉至晋共约四百人。在有关地理各志的每郡下面，都列举各地大姓及少数族人（賨、叟、氐、蛮）的分布及其风俗、历史传说等，为研究西南少数民族历史提供了很好的资料。总之，《华阳国志》是研究我国西南少数民族的一部最早的重要著作，它弥补了魏晋时期西南地理沿革的空白，补充了正史人物传记的不足，对研究古代西南地区的经济也很有帮助。

《高僧传》。梁释慧皎（497—554）撰，是一部佛教名僧的传记，共十四卷，记载自东汉永平十年（67 年）至梁天监十八年（519 年），共四百五十三年间的高僧二百五十七人，另附见二百多人。由于当时南北对峙，该书所记多为江南诸僧，北方高僧只有数人。

自西晋以来，佛教与我国经济、政治、文化生活的关系越来越密切，但在正史中有关佛教及名僧资料不多，《高僧传》为许多高僧立传，为我们提供了关于中国佛教史的原始资料，可以补充史传的不足。此外，书中保存了不少古代中西交通史资料，也弥足珍贵。《高僧传》一书的体例，为后世所依据，此后陆续撰写的有《续高僧传》《宋高僧传》《大明高僧传》等，这是中国佛教史上有名的四部佛教传记。

《颜氏家训》。七卷，颜之推（531—约 590 以后）撰。

颜之推《北齐书》有传，他历仕萧梁、北齐、北周，死于隋朝。本书名曰家训，是陈述立身治家之法，用以告诫子孙。这是中国历代家训类书中最早的一部。全书分《序致》《教子》《治家》《风操》《勉学》《养生》等二十篇。书中内容涉及面广，谈齐、梁之事甚多，为避时忌而讳言周、隋政事。它对南北士族风尚的异同，治学为文之方法，乃至语言杂艺，都进行比较，求其得失。谈到梁代子弟之脆弱，邺下读书人教子之方法，以及江南侨姓之未有力田等，都是密切有关南北朝史事的。此书虽然是一部教导子侄们“立身扬名”的家书，但作为一部杂史，它保存了许多正史所不见的史料，对研究这一时期的历史还是很有价值的。

《十六国春秋》。北魏崔鸿（478—525）撰，一百卷，又有《序例》一卷、《年表》一卷，记载十六国史事。每国各为篇卷，称为“录”，如《前赵录》《后赵录》等；记其君臣事迹，则称为“传”。此书将当时残缺纷乱的三十多家有关十六国的史书，“审正不同，定为一书”，使之体例整齐、繁略得宜而自成系统，为文化积累和保存做出了贡献。崔鸿能跳出正统史观的窠臼，对晋、魏和十六国给予同等的地位，这是十分可贵的。此书有很高的史料价值，唐修《晋书》，其记载十六国史事的三十篇“载记”就是采录了崔书。可惜《十六国春秋》到北宋后已散佚，清汤球以《汉魏丛书》中收录的节钞本为主，重加辑补，成《十六国春秋辑补》一书。此书是分国史书，可归入地方志类。

4. 考古发现

西晋太康二年（281 年），汲郡（今河南新乡）人不准盗掘当地的一座战国古墓。墓主人是魏襄王，墓被盗发后，还残剩一枚 2.5 尺长的铜剑和一把玉律，又有竹书数十车，都是蝌蚪文字。盗墓者曾烧竹简以供照明，故当官府收取时，有些竹简已被烧断而残缺。晋武帝命著作郎束皙和卫恒等人对竹简加以整理并注释解疑。

这批出土文书计有《纪年》十三篇、《易经》二篇、《国语》三篇、《琐语》十一篇、《穆天子传》五篇等，共计七十五篇，十多万字。其中以《竹书纪年》《穆天子传》最有价值。

《竹书纪年》是魏国的编年史，与《春秋》相似，该书的价值在于其所述史事与诸经传及《史记》多有不同之处，如夏朝比商朝长，夏王启杀益、西周共伯和摄行天子事等，由此引起研究古史者的新的思考，对先秦史研究是很有裨益的。《穆天子传》是记周穆王巡游西方见到西王母的经过，书中所记皆注明年代，并记有行程里数。由于言之凿凿，故引起人们的研究兴趣。有人考证西王母就是古代迦勒底国，即巴比伦的尼尼微城；也有人认为西王母即波斯西膜即塞迷，这些说法是否可靠姑且不论，但周穆王西征曾自洛阳渡河，逾太行，涉滹沱，出雁门，抵包头，越贺兰山，穿鄂尔图斯沙漠，经凉州而至天山东麓的巴里坤湖，却是完全可能的。至若传中说周穆王深入群玉之山，途经黑水之上，以及西王母国皆为女人的种种记述，都具有较高的史料价值。总之，此篇虽不免有晋人附会处，但也并非完全虚构，还是值得深入研究的。

三、书法、绘画和石窟艺术

1. 书法

我国书法是一种特有的艺术。我国书体的演变大体上经过篆书、隶书、楷书、行书和草书等阶段。秦以前有大篆，秦统一后以小篆为标准文字，汉初通行隶书，汉末出现楷书，楷书的简化体为行书和草书。汉晋时期是中国书法史上继往开来的时代，此时大体从隶书变为楷书及行书、草书。这与纸的普遍使用，世族名士注重交往，尺牍（书信）往来讲究书法优美有很大关系。

曹魏时的钟繇（151—230）是著名的书法家。他兼善各体，尤精于隶书和真书（楷书），被人称为“正书之祖”。传世作品有隶书《上尊号碑》，楷书墨迹只有王羲之临本翻刻的《宣示表》《贺捷表》《荐季直表》等。

东晋的王羲之（303—361，一作307—365，又作

321—379），集书法之大成，被后世称为“书圣”。他出身于世家大族，是王导的侄子。生于琅玡临沂（今属山东），后定居会稽（治所在今浙江绍兴）。曾任会稽内史、右军将军。人又称王右军。王羲之早年从学于叔父王廙、卫夫人，后又博采李斯、蔡邕、张昶、钟繇诸家之长，精研各种书体，创造出一种妍美流便的今体。他的字笔势典雅流畅、结构严谨，人们形容他的字是“飘若浮云，矫若惊龙”。在王羲之的作品中，以行书《兰亭集序》最为著名。

《兰亭集序》写于东晋永和九年（353 年）。这一年三月初三，正是“禊节”。禊有清洁之义，这一天人们到河边洗涤积秽，除灾去病。任会稽内史的王羲之邀集名士谢安、孙绰等四十二人，在会稽山阴（今浙江绍兴县）的兰亭，按照“修禊”习俗，举行“曲水流觞”的雅集。各人分坐于曲水之旁，借着婉转的溪水，以觞盛酒，置于水上。彼此相约，觞至谁的面前，谁就饮酒吟诗。一觞一咏。诗成后，王羲之十分高兴，决定为诗集作序。这篇序将叙事、写景、抒情融为一体，也是一篇优美的散文诗。原文共二十八行、三百二十四字，字体潇洒流畅，结构变化多端，但又不离奇古怪。自唐以来，为历代书家所推崇，视为“天下第一行书”，是王羲之书法的代表作。

《兰亭集序》手迹传到唐初。唐太宗酷爱王羲之书法，从辨才和尚手中得真迹，视为国宝。他爱书及人，专为《晋书》写王羲之传论，评其书法“尽善尽美”。由于唐太宗的推崇，唐初王羲之书法盛极一时。当时书法名家欧阳询、褚遂良等都临摹过王羲之的真迹。由此，唐初产生了一场书法革新运动，改变了过去南师王帖、北宗魏碑的局面。一般公文、碑铭也用楷书、行书、草书撰写，使王羲之的书体成为全国通行的书体。

王羲之在书法艺术上的贡献，主要是完成了从隶书到楷书的转变，他在学习前人的基础上进行创造和改进，使之成为真正的楷书。他在草书和行书上也有新的创造，不再带篆书和隶书的痕迹，从群众通行的书法中吸取营养，对后世的行草产生了重大影响。

王羲之的七个儿子都爱好书法，以幼子王献之成就最大。他的草书中的狂草，笔势飞动，神纵自如，每一个字往往一笔而成。传世作品有《洛神赋十三行》《鸭头丸帖》等。他与王羲之齐名，并称“二王”。世人称王羲之为“书圣”，王献之为“小圣”。

南北朝时也产生了许多书法家。南朝较有名的是羊欣、王僧虔、萧衍、萧子云、智永等人；北朝有卢玄、江式、崔玄伯、崔浩等人。在墓志、墓碑、造像题记中还出现方笔折角、骨力雄劲的《魏碑》字体。总之，东晋及南北朝是中国书法史上的重要阶段，对唐宋书法的发展产生了重要的影响。

2. 绘画

两晋南北朝时期绘画艺术有很大的发展，出现了不少优秀的画家。三国吴的曹不兴，最早摹写天竺来的佛像，有“佛画之祖”之称。西晋卫协和张墨同为曹不兴弟子，在当时并称为“画圣”。东晋顾恺之曾跟卫协学过绘画，他与宋陆探微、梁张僧繇，是东晋南朝三大画家。有人评论“像人之美，张得其肉，陆得其骨，顾得其神”。（唐张怀瓘《画断》）说明顾恺之绘画的特点是“传神”。他是这一时期最负盛名的画家。

顾恺之（约345—409），字长康，晋陵无锡（今属江苏）人。出身于江南名门世族。他自幼勤奋好学，多才多艺。不但会绘画，而且善书法，工诗赋。曾在桓温手下任大司马参军，后又为殷仲堪参军。在这期间，他到过四川、湖南、江苏、浙江等地，饱览了祖国的壮丽山河，丰富了对大自然的感受。兴宁二年（364年），他为建康（今南京市）的瓦官寺画维摩诘菩萨，规定日期为佛像点睛，第一天来看画的要捐十万钱，第二天可以减半，第三天后随意布施。结果寺院收到布施百万钱。这就是画像点睛的故事。顾恺之认为绘画不仅要“形似”，而主要应“神似”，要“以形写神”，即着重刻画人物的性格和内心世界。顾恺之认为人物的眼睛特别重要，认为“传神写照，就在画眼睛上”。因此，他画好人物，常常几年不点眼睛，要等到适当时候再点上。

顾恺之画的题材广泛，有历史、佛教、神仙、诗歌本事、禽兽、人物、仕女、山水等。他画作甚丰，总计不下七十余幅，流传至今的主要有《女史箴图》，是西晋大官僚张华为规劝贾后作《女史箴》一文而作的十二幅插图；《洛神赋图》，是按曹植《洛神赋》内容画成的长卷。顾恺之在绘画理论上也很有建树，著有画论三种，即《魏晋胜流画赞》《论画》《画云台山记》。这是他丰富艺术创作的经验总结，是中国最早的、比较有系统的绘画理论著述，对后世的绘画和画评都有深刻的影响。

南朝齐梁间画家谢赫撰写的《画品》是我国现存最早的一部完整的评论画家艺术的论著。《宋史·艺文志》中称此书为《古今画品》，明刊本则标名为《古画品录》。《画品》在序中首先阐明“夫画品者，盖众画之优劣也”。即本书系品评画家艺术高下之著作，又提出绘画的社会功能为“明劝戒，著升沉，千载寂寥，披图可鉴”。特别是提出了“画有六法”：气韵生动、骨法用笔、应物象形、随类赋彩、经营位置、传移模写。不但全面地概括出绘画批评的艺术标准，也完整地确立了绘画创作的艺术规范，成为绘画美学思想优秀遗产的一个重要组成部分。书中对三国至齐梁间的二十七位画家列名品评，而且根据作者亲见的作品，将这些画家的题材、技法、师承关系、艺术风格等加以论述，因而为中国古代绘画史保存了宝贵的资料。《画品》一书对后世有着深远的影响，此书最早开创了画品体例，为后世不断沿用。

3. 石窟艺术

北朝时期随着佛教的传布，一些帝王和贵族花费大量人力、物力和财力，修建了许多佛寺佛塔，开凿了不少石窟。这些璀璨的佛教艺术，为我国艺术史增添了丰富的内容。

北朝开凿的石窟很多，以云冈、龙门、敦煌三大石窟最为著名。

云冈石窟在今山西大同西十六公里武周山北崖。大同原是北魏都城平城。石窟依山开凿，都是在石壁上雕琢出来的。东西连绵约一公里，现存洞窟五十三个，大小佛像五万一千余尊。佛像有各种姿态，有的容貌庄严，有的体态安详，有的高大魁伟，有的沉思默想。在现存洞窟中，较大的有二十多个。石窟约从北魏和平元年（460 年）开始建造，主要洞窟完成于太和十八年（494 年）迁都洛阳之前，到孝明帝正光元年（520 年）始具规模。以后唐朝及辽、金、明仍陆续开凿。

在云冈石窟中，最有名的是“昙曜五窟”和方塔洞第六窟。昙曜是文成帝时的沙门统（掌全国僧尼事务），他主持开凿的五个洞窟为十六至二十窟。五窟中每一窟都有一尊大佛，象征着北魏五个皇帝，即道武帝、明元帝、太武帝、景穆帝、文成帝（一说神元帝、道武帝、太武帝、文成帝、孝文帝）。在大佛周围雕刻着大小不等的佛像，即飞天和侏儒。飞天手执乐器，飞舞于天空；侏儒身形矮小，躯干健壮，在座础、梁下、龛基等处，用力举物，象征着群臣，以及服役的民众和奴隶。

第二十窟主尊坐佛高 13.7 米，因窟前壁和顶部早已崩塌，故暴露于露天之下，俗称“大露佛”（露天大佛），面部丰满，耳型垂肩，造型雄伟，是云冈石窟代表作品。

孝文帝时开凿的第六窟最为壮观，保存最完好。窟平面近似方形，约 60 平方米。中间有一方形塔柱，高 15.5 米。柱四面有佛像，上层四角又各雕九层出檐小塔驮于像身上。余壁雕满佛、菩萨、罗汉和飞天等造像。窟顶刻有三十三尊天神像及各种骑乘。东、南、西壁中下部和塔柱四面，都刻有释迦牟尼从诞生到成佛的三十三幅连环画。此窟规模宏伟、雕刻富丽、技法精练，是石窟群中最大的一窟。

云冈石窟的雕刻技艺，既受到南亚的影响，又继承和发展了汉代石刻艺术的传统，形成其独特的风格，对隋唐艺术的发展产生了深远的影响。

龙门石窟是孝文帝迁都洛阳后开凿的。在洛阳城南十二公里处，这里龙门山、香山双峰对峙，中间伊水北流，犹如天然门阙，古称“伊阙”；又因伊水在两水下像条矫健的游龙，所以又称龙门。石窟主要分布在西岸峭壁上，长达一公里。现存佛洞 1352 个，造像近十万尊。其中北魏所凿的佛洞石龛约占三分之一。

龙门石窟中的代表作有古阳洞、宾阳洞等。古阳洞开凿于迁都前后，是开凿最早、规模宏大、内容丰富的一个洞窟，也是北魏王室、贵族发愿造像最集中的洞窟。洞高 11.1 米，宽 6.9 米，深 14.5 米。洞内小龛琳琅满目，两壁井然有序地雕凿成三列佛龛。这些小龛都十分精美华丽。龛额装饰细致灵巧，图案花纹丰富多彩，在龙门石窟中堪称集北魏雕刻、绘画、书法、建筑、图案艺术之大成。

宾阳洞共有中、南、北三洞，一般指中洞，这是宣武帝为其父母孝文帝和文昭太后修功德而营造的。开凿历时二十三年（500—523），用工八十万多。中洞高 8.4 米，进深和宽各 11 米，正面是以释迦牟尼像为中心的五尊雕像。释迦牟尼两足交结坐着，身穿褒衣博带式袈裟，通高 8.4 米,双目垂视，大耳长鼻，相貌庄严。左右侍立二弟子、二菩萨。二菩萨含睇若笑，温雅敦厚。南北二壁各有一佛二菩萨，面相清瘦略长，着褒衣博带袈裟，立于覆莲座上。窟顶做穹隆形，雕有莲花宝盖，周围是八个伎乐天和两个供养天人。供养天人也叫飞天，是能奏乐、善飞舞的美丽仙人。这些飞天挺健飘逸、迎风翱翔，姿态优美动人。洞口两面原有大型浮雕《皇帝礼佛图》《太后礼佛图》，表现孝文帝与文昭太后及君臣妃嫔们典雅华丽的礼佛场面。

敦煌莫高窟，俗称“千佛洞”，在敦煌城南三危山和鸣沙山交接处的崖壁上面。有二公里长，现存洞窟 492 个，壁面 4.5 万多平方米，彩塑 2415 身。莫高窟始建于前秦建元二年（366 年），后各朝陆续在此开凿洞窟，隋唐时达到高潮。

由于这里石质比较松脆，不适于雕刻，所以石窟艺术表现为细致精美的大型壁画和塑像。每个洞窟顶和四壁都绘满壁画，一般顶和四壁上都绘天宫伎乐；四壁中下部绘千佛、佛传、佛本生和因缘故事等。此外，北魏壁画中增加了与神仙思想有关的中国传统神话题材，如西王母、伏羲、女娲等。在构图上采用像连环画一样横向展开的布局，与中原汉画像石的构图相似。彩绘泥塑虽数量较少，但成就仍是卓越的。其手法细腻，肌肉的运动和五官的表情都很明显。那些佛、菩萨、金刚、飞天表情生动，表现出各不相同的性格特征。

1900 年，道士王圆箓在莫高窟某窟（现编号为第十七号窟）通道的墙壁内，发现了一座被封闭达八百多年之久的洞窟，洞长、宽、高仅约三米，在洞内存有三国两晋至北宋的四万五千件以上的经卷、文书、佛画和法器。这就是有名的敦煌藏经洞。它与莫高窟原有的壁画、彩塑一起，成为“敦煌学”研究的主要内容。

佛窟艺术固然出于统治阶级的需要，但它成于千百名无名艺术家之手，反映了我国古代劳动人民的伟大创造才能，是我国的伟大艺术宝库和珍贵的历史遗产。

第六章　社会生活和风俗

一、社会生活

1. 饮食

我国传统饮食习俗，主食是五谷，副食是以蔬菜为主，外加少量的肉食。两晋南北朝时期，主食在南方主要是稻米制作的饭和粥，饭的做法是蒸和煮，与现代基本相同。

北方稻米少，主食以粟为主，此外有麦饭、麦饼等。北方人所食饼的品种较多：（1）蒸饼，即用面粉发酵后蒸熟，“曼头”也属于蒸饼，西晋何曾的蒸饼上开十字，类似今天的“开花馒头”。石虎吃的蒸饼，常用枣、胡桃为心。发面食品还有面起饼、白饼等。（2）汤饼，又称“煮饼”，是用汤煮的面食，似今日的面片。《齐民要术》记载的“水引”，即薄如韭叶，一尺一断，盘中盛水浸之，这就是汤面条，可拌上肉汁和鸡汁。南齐开国皇帝萧道成爱吃水引饼，到大臣何戢家，何戢家妇亲自制作给他吃。（3）油饼，把饼放在油里炸。本为少数民族的饮食，后传入北方。细环饼，形状类似现在的馓子，是用蜜调水和面粉制成的。（4）胡饼，类似烧饼，在炉中烤制，上着芝麻，又称“麻饼”，也叫“炉饼”。也有在发酵面中加蛋、牛奶、牛油等。《齐民要术》记有做烧饼法，一斗面粉，加二斤羊肉及葱、豉汁、盐，说明十分讲究。

南方的粥有米粥、麦粥、豆粥等。米粥即白粥，是南方常用食物。豆粥是以绿豆、红小豆等豆类为主熬成的粥。西晋石崇以即刻做出豆粥向客人夸耀，原来他是事先将豆煮好。粥除了作为老人、幼儿的食物外，常作为饥荒时的救济食物。魏晋时代，端午节吃粽子相当盛行，粽子又称“角黍”，用菰芦叶包黏米、栗子、枣子等，煮令烂熟。南北朝时，粽子既可在端午时吃，也可在夏至这天吃。

副食中荤菜主要有鱼、肉、家畜等。北方人以家畜为主，南方人多食水产。晋张华在《博物志》中说：东南之人食水产，西北之人食陆畜。食水产者，龟蛤螺蚌为珍味，食陆畜者，狸兔鼠雀为珍味。西晋时吴人张翰到洛阳，秋风起时，思念吴地的菰菜、莼羹、鲈鱼脍，于是就回到了南方。说明吴人爱美味的鲈鱼等菜。谢灵运在《山居赋》中记鱼的品种达十余种。当时在南方已有人工养鱼业，如襄阳地区就建了不少人工鱼池。鱼的制作和加工也有很大的进步，为了久贮，百姓常制作鱼干，或制腌鱼、糟鱼。还有脍的吃法，即把鱼肉切细后醮上调料如葱、芥等生吃，有鲈鱼脍、鲻鱼脍等。鲈鱼是淡水鱼、鲻鱼是海鱼。除鱼外，人们还捕取海蜇、采集海带来吃，海带称为“石发”。常吃的海鲜有蛤蜊（即海蚌）、车螯、螃蟹。螃蟹也有制成糖蟹来吃的。肉食有猪肉、牛肉、羊肉等。北魏孝文帝让南方来的王肃比较羊肉和鱼羹的优劣，王肃为表示对孝文帝的尊重，称羊肉为陆产之最，鱼为水族之长。猪已经围栏喂养；牛虽有禁令不准滥杀，但权贵之家仍有宰牛食肉。此外，养鸡、鸭也十分普遍。陈霸先在与北齐军决战前，得侄陈蒨送来的三千斛米和一千只鸭，使战士得以饱餐，取得了战争的胜利。肉食的烹饪除脍外，还有炙，即烧烤，烤全羊则叫“貊炙”。为了久贮，把肉类加工成干肉，称为“脯”。陆机在《洛阳记》中记载，在洛阳城北有干脯山，说明这里是个脯肉加工集中地。

这一时期蔬菜种植业也有新的发展。蔬菜品种有：葵，即冬葵、冬寒菜，味甘甜、滑爽，是人们餐桌上的家常菜；蔓菁，即葑，又称大头菜，其根可当主食；菘，柄厚色青为青菜，柄薄色白为白菜，淡黄的叫黄芽菜，也是南方常食蔬菜；韭，遍布全国各地，为人们常食之菜；茄子，汉时由印度传入，这时已在全国栽种；菰，即茭白，已为人们常吃。此外，还有芹菜、芦菔（萝卜）、芋头、胡瓜（黄瓜）、冬瓜、蘑菇、芥菜、胡荽（香菜）、苋菜、竹笋、藕等。为了久贮，人们用盐水泡腌蔬菜，称为“咸菹”。《齐民要术》中专门有《素食》一节，记载制作各种蔬菜的方法。

汤菜称为“羹”。《齐民要术》中对制羹从选料、切割、火候、调味等方面都提出了严格要求，说明当时制羹技术已十分进步。羹的品种较多。肉羹在北方很流行。晋将毛修之曾为魏太武帝制羊羹，被提拔为太官令。鱼羹是南方人的家常菜。还有驼蹄羹、猴头羹、莼菜羹等，都是由各地土特产经特殊烹饪制成的。《世说新语》中说，王武子对陆机夸示中原美食，认为江东无物可比得羊酪。陆机答道，有千里莼羹。后来即成为江东名菜。除上述羹外，还有各种蔬菜、豆类制成的菜羹、豆羹，这是一般平民百姓家中的常菜。

在调味品方面，甜的主要是蜂蜜和麦芽糖，但已知从甘蔗中榨糖。酱油和豆酱在汉代已会制作，魏晋南北朝时其技术进一步发展，品种也增多。《齐民要术》对做酱方法作了专门介绍，制作的酱有肉酱、鱼酱、虾酱及麦、榆子、芥子等做的酱。上层社会还往往以酱为馈赠佳品。豆豉在汉代已发明，这时常用于菜肴的加工烹饪。《齐民要术》也有“作豉法”，对豉的规模化生产提出了一系列的工艺和质量要求。醋的做法也有很大发展，《齐民要术》记载其制作法有二十三种。其固态发酵制曲酿醋法一直沿用到今天。此外，平时常用的作料还有葱、姜、蒜、花椒、茱萸、橘皮、枯叶、木兰、桂皮、白梅、胡荽、葱头、胡椒、胡芹、荜拨、安石榴等。还有一种叫“八和齑”的复合调料，是用蒜、姜、橘皮、白梅、熟栗黄、粳米饭、盐、酢等八种原料制成，这是一种香美适度的高级调味品。

茶叶作为药用饮料，早在先秦已经开始。汉代则作为日常解渴饮料在四川、湖南一带流行。魏晋南北朝时期，饮茶习俗逐渐由南向北推广普及。南方已普遍种植茶树。孙皓宴饮群臣，总要把大家灌醉。韦曜不会喝酒，孙皓密赐茶给他。这一时期文人名士多爱饮茶，民间以茶作为饮料已很普遍。由于佛教的发展，茶又成为佛家修禅时提神醒脑的必备之物，时人称为“茶佛一味”。唐代开始征收茶税，又实行专卖，称为“国榷”，是税收的重要来源。

酒的制造约产生于原始社会中后期。到汉代酿酒规模已经很大。魏晋南北朝时期酿酒多用高粱、葡萄、米谷等。《齐民要术》记载了不少制酒曲的方法，用以配制不同的酒。南方山清水秀，民间酿造出不少好酒。北魏都城洛阳有延酤、治觞二里，里内的人多以酿酒为业。河东人刘白堕酿的桑落酒十分有名。

总之，魏晋南北朝时期的饮食在两汉的基础上更加走向精细。由于门阀士族追求奢侈生活，故在饮食上必然竞出花样，做工考究。西晋何曾一食万钱，北魏高阳王元雍一食要费数万钱，海陆珍馐摆满餐桌。后赵石虎自己享用的御食每餐有一百二十盏，摆放在可以转动的大圆盘内。梁武帝虽吃素，但瓜果蔬菜都要变出数十种花样。与此同时，饮食专著也大量出现。如《崔氏食经》（四卷）、《食经》（十四卷）、《食撰次第法》（一卷）、《四时御食经》（一卷）、《马琬食经》（三卷）、《会稽郡造海味法》（一卷）等。何曾撰写的《食疏》记载了自己所食用的菜肴，成为后人仿效的楷模。而《齐民要术》更是一部关于食料、食品生产及烹调的综合性的实用科技书。其中介绍了多种烹调技艺，列举了近百款菜肴的名称及其做法。

这一时期在饮食方式上也有新的变化，即由席地而坐的分食制向用桌椅一起进食过渡。汉晋以前，进食是用案，人则席地而坐，各人案前放食品。从晋代开始，受阿拉伯人高脚桌椅进食的影响，高脚饭桌逐渐取代了食案。到唐代，围桌而坐的合食制就成为中国人饮食的主要方式。

2. 服饰

魏晋南北朝时期是民族大融合时期。北方少数民族和汉族互相杂居，在服饰文化方面也互相吸收、影响。其汉胡服饰文化的变化大致是：统治阶级的封建服饰上基本遵循秦汉旧制。一些少数民族首领进入中原后，也往往醉心于汉族高冠博带式的服装，如北魏孝文帝就班赐百官冠服，更换胡服。在劳动人民方面，由于汉族高冠博带式的传统章服不如胡服便于劳动，所以上身紧身短小、下身穿连裆裤的胡服在汉族劳动人民中推广开来，最后连汉族上层人士也穿起了这类服装。这就使汉族传统的“上衣下裳”制逐渐向“上衣下袄（裤子）”制转变。

魏晋以后汉人常用的服装有襦、袄、衫、袍、单衣、褠、半袖、假钟、裘、裙（裳）、裤等。襦是短外衣，多絮以绵，未絮绵则为单襦，通常用布制，为一般百姓所穿，上层人士则多用丝织品制作。袄与襦形制相近，是紧身小皮袄，袖较窄小，男女都穿用。衫是敞口的，各阶层皆通用。袍不仅作为朝服，也被一般百姓所穿用。有里子，内絮丝绵。制袍材料有绢、布、锦等。北朝后期改造成圆领、小袖。单衣只有一层衣料，没有里子。官吏、百姓平时多穿用。褠与单衣相似，只是其袖子是直着下来，不像单衣那样肘部有一个弧形的悬垂。半袖是穿在外面的短袖服装，是家居便服，见外客时很少穿着。假钟是一种斗篷（或称“披风”），北方用来抵御风沙。裘是北方人常用的御寒服装，自天子、群臣至庶民百姓皆穿着皮裘；在南方也相当流行，有时也为修饰仪表之用。高级的用鸟羽制成，有雉头裘、孔雀裘等。裙也称为“裳”，是与襦相搭配的。由于袍、衫、裤褶的流行，裙作为男子的服装已不太普及。裤主要是为腿部保暖，两条裤腿分开，裆部并未缝合，贫寒人不穿裤是较普遍的。当时一般人的服装是上襦下裳，或着袍、衫等长衣服。

北方游牧民族的传统服装是袴（即裤）褶。袴是下身所穿之装，褶为上身所穿之装。汉代以前，汉族人裤子的结构还很不完善，一种是并不缝出裤管，仅以一布缠于腰股之间，名“犊鼻裈”；另一种是仅用来护住腿部的下装，亦称“裈袴”，实即两条裤管，上部并不合裆，两裤管在腰部系带。上穿外衣如深衣、袍等加以掩盖。游牧民族由于骑射需要而产生合裆裤，东汉末首先在军队中流行，到魏晋南北朝时就在汉族百姓中流传开来。这时袴流行大口裤管，上下直幅，同等宽窄，便于行动，在膝处系一带子将小腿处的裤管向上扎缚起来。上身则为齐膝大袖衣，即褶。到晋朝，袴褶在汉族上层社会自天子到百官都可以穿。南朝皇帝如宋后废帝、齐东昏侯也常穿此服。北魏的朝服都穿此服。服装的面料最初在游牧民族时是用较粗厚的毛布制作，后来汉族则用锦绣织成料、毛罽等来制作。

北方少数民族传入中原的服装还有裲裆，即背心或坎肩。这本是军队中的裲裆甲，只有前后两片，无袖。这种服装既可保暖身躯，又可使两手活动灵活方便，妇女穿的裲裆往往加彩绣装饰。

魏晋以后，妇女的服装在传统的基础上吸收了少数民族服式后有所发展。一般是上穿衫襦，下穿裙子。衫襦一般为右衽，在北朝也有左衽。衫襦紧身合体，袖筒肥大。裙长曳地，多褶裥裙，下摆宽松。再加丰盛首饰，达到俊俏潇洒的效果。如南京石子岗出土的东晋女俑，穿长方领窄袖束腰连衣裙，发上加巾子。南京幕府山出土的南朝女俑，穿窄袖长方领紧身短衫，长裙，梳十字大髻加巾子。河北景县北朝封氏墓出土的女俑，穿交领窄袖衫，高腰长裙，戴笼冠。敦煌莫高窟西魏285窟女供养人，穿大袖衫，腰裙内衬长裙。高句丽双楹冢羡道东壁行列图及美人图中的妇女穿对襟镶宽缘上衣，百褶裙。

名士和文人的服饰多穿缓带宽衣。他们崇尚虚无，任情不羁，穿了宽松衣衫，敞开衫领，袒露胸怀。南京西善桥出土的竹林七贤砖刻中，嵇康和阮籍穿的衣服，便是当时文士的典型服饰。据鲁迅说，这是因为魏晋士人好服五石散，药力散发后，皮肉发烧，因而要穿宽大衣服。

军队的甲胄有筩袖铠，其胸背甲片连在一起，肩部有筩袖，护头的兜鍪两侧有护耳，前额眉心处稍有下突，顶部中心竖起长缨。此式东汉已有，在西晋仍采用。筩袖铠由金属和皮革制成，铠甲呈鱼鳞状的是金属制成，呈龟背状的由皮革制成。裲裆铠和明光铠流行于南北朝。裲裆铠与裲裆衫大致相似，肩部有两条带子连接胸前和背后两大片，腰部束带。其亦有金属和皮制两种，金属甲片多为方形，又称“牌子铁裲裆”。这种铠甲在南北朝时已成为主流。明光铠的胸前和背后各有两大块圆形金属护片，在战场上闪闪发光，故名。到隋唐成为社会上应用最多的铠甲。

当时的帽子，帝王将相叫冕、冠。冕是帝王及王公大臣在祭祀及元会（元旦日举行的朝会）上使用，与衮服搭配，称“衮冕”。冠原为男子二十岁时加冠，表示成年，汉魏时成为官吏的专用物品。冠冕也成为地位较高官员的代称。冠有多种名称，如通天冠、高山冠、远游冠、缁布冠、进贤冠、武冠、法冠、笼冠等。通天冠是皇帝在朝会时用，远游冠是皇帝在祭祀、朝会等正式场合以外使用，不过主要是供皇太子及宗室诸王用。其他冠为各类官吏所使用。冠不是把头顶完全套住，而是用冠圈套在发髻上，冠两旁有两根缨在下巴处打结。平民百姓的帽子叫帻、帽。帻本是卑贱执事者束发用布，此时，人们往往在帻上加巾又加冠。帻的品种有介帻、平上帻、童子帻、纳言帻等。介帻的顶部为屋顶状，与进贤冠配合，供文吏使用。平上帻又称平巾帻，顶部呈平坦状，与武冠相配合，供武吏使用。未成年的儿童所戴帻无顶，表示尚未成人。总之，帻为低级官吏所用；有些高级官吏在非正式场合作为便帽使用，也有与冠配合使用。

当时还有高顶帽、乌纱帽、鲜卑帽等。高顶帽又名“白纱帽”，有多种形式，有的带卷荷边，有的挂有下裙，有的带纱高屋，有的带有乌纱长耳。主要供皇帝在宴会起居时使用，并成为皇帝的标志之一。乌纱帽在南朝为士庶所通用，无贵贱之分，只是流行式样时有变化。在北方主要用鲜卑帽，又称“突骑帽”“长帽”等，帽的两侧及脑后垂至肩部，称为“垂裙”。

妇女盛行假发。发式有灵蛇髻、飞天髻、盘桓髻、十字髻等。少女则梳双髻或以发覆额。贵族夫人则头戴绀色丝帛装饰的帽状假髻，插长长的簪珥。簪珥头部饰黄金龙首，口衔白珠，或以鱼形的擿（耳挖簪）为饰。

这一时期人们脚下所穿的有履、屐、屩、靴等，用丝、麻、草、木、皮等制成，供各种人在不同场合使用。履一般在正式场合使用，如上朝、到官署办公、谒见上司或长辈等。如遇祭祀、上殿，还要脱履表示敬意。只有皇帝特许，可以剑履上殿，即带剑不脱鞋。这一般都是权臣享有。履用丝、麻、皮等材料制成，讲究的上面刺绣，或缀有珍珠，装有木底的履称“舄”，南北朝后期曾将木底改为皮底。屐用木制成，上面系带与脚相连接，底上突出部分称为“足”或“齿”，走泥路时方便，共有前后二齿。最初妇女圆头、男子方头；西晋元康（291—299）中，妇女也改方头。屐一般在家中穿用。谢灵运登山时，上山去前齿，下山去后齿，这种便于登山的屐称“谢公屐”。屩用麻、草、藤等制成，走路轻便，价廉易得，为一般劳动者穿用，也有士兵穿着。靴源于北方游牧族，用皮革、丝织品或两者镶嵌而成，与今天中、高筒靴式样相近似，主要是北方骑马者使用，南方使用者少。袜是丝织品、麻布或皮革制成，剪裁缝制而成，上有带子，用时系紧。当时人们在室内一般着袜行走，这种习俗传入日本，一直保持到现在。在请罪或奔丧时要脱去袜子，称为“徒跣”。

这时期饰物品种较多。主要有步摇、珰、钿、簪、钗、跳脱、指环等。步摇本是后妃、公主的饰物，这时使用范围已扩大。珰是耳环，主要悬挂珍珠。在河北定州华塔废址北魏石函中发现一对金耳坠。钿是用金、银作花朵状的饰物，插在头上。簪男女通用，女用于固定头发，男用于将冠和头发固定。钗是妇女常用饰物，像树枝，因名。这一时期墓葬中多次出土各种质地的钗，有金、银、铜等。除一般双股钗外，还有金爵钗，亦称“雀钗”，上有雀样花饰，一般为三品以上官员眷属使用。跳脱又称“条脱”，戴在妇女小臂的金属饰物，垂手时则落到腕部，后世多称为“臂钏”或“腕钏”。南朝齐东昏侯潘妃的一只琥珀钏价值一百七十万。指环即戒指，这一时期墓葬中多有出土，一般为金、银制作，南京象山东晋王氏墓群中出土嵌有金刚石的金指环。辽宁北票出土的金指环，上镶嵌三颗宝石，一颗仍在托座上。

3. 住房家具

两晋南北朝时期的住房，贵族与平民差别较大。士大夫大抵有数十间住房。如晋山涛有屋十间，王沈有五十间，鲁芝也有五十间。大多采用大型厅堂和庭院回廊样式。也有些贵族拥有庄园，建造园林和经营园圃，占地颇多。如宋孔灵符的永兴墅有果园九处。谢灵运在《山居赋》中记载了他的庄园，园中有杏坛、橘林、栗圃等。东晋司马道子的花园筑山穿池，有许多名贵花树，花费巨万。宋竟陵王刘诞的住房穷极工巧，园池之美，冠于一时。一些担任中书舍人掌握实权者如阮佃夫、吕文度、茹法亮、朱异等，都有豪华的住宅和园囿。有些还采用原只能用于宫殿的鸱尾，如北朝尚书令李崇之子李世哲“广兴屋宇，皆置鸱尾”。营造材料一般是用土木，也有用贵重材料，如琉璃、赤石脂涂壁等。城市居民大多住在里坊中，如洛阳十万零九百户居民住在二百二十个里坊中，平均每里近五百户居民。乡间则大多聚族而居。住房有用砖瓦，也有用茅草。屋顶两面坡式，正面中部为一双扇门，两边各有窗，前有天井，外有围墙。多者有两进、三进乃至多进的大宅院。贫困百姓住房则极为简陋，有些则多人住在一起。有种极简陋住房称为“团焦”，其形状已难知晓。有些人也住在洞穴中，如晋孙登，汲郡人，居住在郡北山土窟中。道教徒张忠在永嘉之乱时隐于泰山，凿地为窟室，其弟子也窟居。

北方少数民族逐水草游牧，毡帐是他们日常的住房。毡帐又称“穹庐”“毡房”“百子帐”。大的毡帐甚至可容纳上千人。《颜氏家训·归心篇》说：“昔在江南，不信有千人毡帐。”可见南方人不信北方有这么大的毡帐。

中国在秦汉以来一直保持着在室内席地坐卧的习俗。室内地面上先铺较大的席“筵”，在其上铺设供坐、卧的家具，主要是席和低矮的床榻。办公、宴客时，临时陈设几、案、屏风等。登堂入室，必须先脱去鞋子。坐的样式是双膝跪地而将臀部坐压在脚后跟上。如果在人前坐时双足垂前蹲踞姿态，表示对客人不敬，也表明缺乏教养不懂礼貌。两晋以后，中原战乱频仍，人口大量流动，民族大迁徙，中原汉族传统的社会习俗受到很大的冲击。在游牧民族中坐姿都是垂足坐，即蹲踞姿势。如《南齐书·魏虏传》描写魏主及后妃坐车时“皆偏坐垂脚辕中；在殿上，亦跂据”。现存敦煌莫高窟北凉所建268、272、275等窟中，其菩萨坐姿也是垂足高坐。此后北魏、西魏、北周及隋初的洞窟中，主要塑像也多为垂足坐式。这说明十六国到南北朝时期，由于北方少数民族起居习俗的传入和濡染，广大汉族地区席地而坐的习俗已逐渐转变，而成为垂足坐姿。

由于坐姿的变化，日常家具也发生了变化。新式的适于垂足的坐具开始使用和流行。在5～6世纪的敦煌壁画中出现了两类坐具，一类是传统的席、床和屏风等，床体宽大而足低矮；另一类是新出现的高足坐具，有束腰圆凳、方凳、胡床、椅子等。束腰圆凳在敦煌壁画中出现最多，多是用植物枝条编制，此凳在北朝墓室中也有发现。据考证，这类坐具源于印度次大陆，随佛教传播流行于中国。方凳的高度约与人的小腿相近，除有足的外，还有无足的实体方凳。这在敦煌壁画中也有画像。胡床在隋代称

"交床"，是一种轻便折叠凳，北京俗称"马扎"。它的四足不是直立，而是交叉斜置。正如梁庾肩吾《咏胡床应教》诗中所说："传名乃外域，入用信中京。足欹形已正，文斜体自平。"胡床传入中国，约在东汉末，《后汉书·五行志》说，灵帝好胡服、胡帐、胡床、胡坐、胡饭、胡空侯、胡笛、胡舞，京师贵戚皆竞为之。

4. 交通

交通工具。两晋南北朝时期，上层人物出行的交通工具主要是牛车和肩舆。汉时贵族不乘牛车，贫民则使用较多。东汉末，牛车逐渐成为上层人士普遍的交通工具。其原因是牛车颠簸较小，乘坐舒适，且上结幰幔，装饰华美，车内安置凭几，可随意坐卧。魏晋以后，王侯、士大夫多乘牛车，且成为世家大族、豪富子弟一种时髦。如晋石崇、王恺驾车出游，争入洛城。司徒王衍在牛车上揽镜自照。王导执麈尾驱牛往救小妾。牛车既然是高级车乘，其好牛也价格不菲。王济与王恺斗富，赌一条名牛价值千万钱。北朝朝廷往往以牛车赏赐大臣。如孝文帝赐高允蜀牛一头，四望蜀车一乘。当时牛车也作为农田、运输工具。如北魏太武帝打猎获千头麋鹿，命古弼发牛车五百辆运载。高欢与尔朱氏在韩陵之战时，连接牛驴堵塞归路，将士皆死战。

肩舆也是当时普遍使用的交通工具。肩舆又称"平肩舆”“步舆”，也有加盖后称“襻舆”“轿舆”，八人抬的称“八扛舆”。肩舆是用人力抬杠的类似车样的坐具。汉代开始出现，魏晋后普及。诸葛亮曾乘步舆，持白羽扇，戴葛巾，指挥军队与司马懿作战。晋王献之经过吴郡，听说顾辟疆有名园，乘平肩舆径入。其兄王徽之也曾乘肩舆径入一家竹园。东晋初王导随司马睿到水边去参加禊节，司马睿也是乘肩舆，很有威仪。唐阎立本绘《步辇图》，步辇即皇帝平时宫中乘用的较轻便的步舆。后赵石虎曾做金华辇等豪华步辇，其猎辇要二十人抬担。与豪华的乘舆相对照的，是简便的版舆，也称“板舆”。如晋傅祗因足病，乘版舆上殿。梁名将韦叡指挥作战时坐在板舆上。在河南邓州学庄南朝墓出土绘彩画像砖中，有平肩舆图像，舆面方形，舆板四面有低栏，舆下四角各有一足，与舆板平齐处左右有长杆，以供肩扛。1977 年洛阳发现的北魏石棺画像中，有二人以板舆抬一老人，这板舆极简便，类似今天的担架。

在水运方面，有扁舟、艇、舫、舰等各种船只。西晋灭吴时，王濬造大船连舫（并两船），每船可载二千人，船上可驰马来往。东晋孙恩卢循起义时，以水战为主，义军攻刘毅时，有战船千余艘，其中八艚舰九艘，皆四层，高十余丈。南朝梁时，陆纳造大舰名三王舰（邵陵王、河东王、桂阳嗣王），又造二舰名青龙舰、白虎舰，并高十五丈。北方所造船也不少。后赵石虎攻前燕，令青州造船千艘，后凑满军队五十万人、战船万艘。北魏太武帝时为进攻南朝，诏令冀、定、相三州造船三千艘。刁雍为了从西北薄骨律镇等地运谷到北方沃野镇，建议改陆运为水运，造二百艘船，二船为一舫，一船载谷二千斛，可大大节省劳力。颜子推说，河北人不相信南方有二万斛的大船，可见南朝已能造载重二万斛的大船。南朝时，大的战舰上一般都装有拍竿，以拍击敌船。隋灭陈时，杨素造五牙大舰，前后置六拍竿，并高五十尺，可容八百名士兵。由此可见，两晋南北朝时造船技术水平是很高的。

道路、桥梁和客舍。陆路在古代有驰道、官道、州县大道、乡道之分。驰道较平坦。宋孝武帝时立驰道，自阊阖门至朱雀门，又自承明门至玄武湖。北魏为军事需要新建或修复了许多交通干线。道武帝拓跋珪攻占晋阳后，命大将于栗磾自晋阳暗暗修复汉初韩信开的井陉故道，进入冀州。夺取邺、中山后又征发一万人修直道，自望都铁关凿恒岭，直通代地，全程二百五十公里。这样就打通了穿越恒山联系中山与平城的道路。过去自雁北要沿桑乾河往东到达幽州，或经并州往洛阳或邺城，两条路均悬远曲折，直道的开通缩短了自雁北到中原的道路。太武帝拓跋焘在太延二年（436 年）发一万二千人修莎泉道。文成帝时修河西猎道，孝文帝时修灵丘道，宣武帝时修斜谷旧道，孝明帝时修黑山道。这些道路修成后，既可使各地物资顺利到达平城，又便于北魏向各地运兵。

桥梁建设较有名的有西晋杜预建造的河桥。河桥在孟津（今河南孟津县东北）渡口富平津，建成后使往来便利。北魏时在南北两岸及河中洲上加筑河阳三城，使这里更成为兵家必争之地。北魏明元帝和太武帝都曾在黄河上建浮桥，这是一座由船排列组成的桥。除浮桥外，北魏还建有木桥。拓跋焘时，雍州刺史崔亮因长安北渭水浅不通船，即用长木数百根为柱，造了座崔公桥。

驿站和旅店多设在交通干线上。驿站是为过路官员和递送信件的官兵设置的。旅店即“逆旅”，是私人开办的，是为长途奔波的商人和行人准备的。西晋潘岳认为“逆旅”作用很大，行路者可住店方便，开店者可以此为生，各得其所。北魏崔敬友在肃然山南的大路北，开设“逆旅”，并供应饮食，方便了路人。北魏后期因财政紧张，开始对旅店征税，共分五等，说明大小旅店不少。

二、社会风俗

1. 门阀等级

两晋南北朝是门阀制度盛行的时代。门阀制度就是按门户等级严格区别士族与庶族在政治、经济、社会上的不同地位，以维护高门贵族特权的等级制度。门阀贵族又称“士族”或“世族”。士族是指掌握儒学及文化知识，世族是指世代做官。当时选举制度是九品中正制。中正官多由大族担任，把士人按家世和德才划分为九等即九品，朝廷按等取人任官，家世门第是定“品”的主要标准；门阀士族利用这一制度垄断了政府的重要官职，形成“公门有公，卿门有卿”“上品无寒门，下品无势族”的局面。门阀士族除世代为官的特权外，还有经济上可以按官品占田和本人及家属、佃客等免除赋役的特权；法律上因朝廷对士族犯罪每从宽惠，不论定罪和量刑都另立标准；可减刑或免刑，或用金钱来赎罪，因而总能逍遥法外。

门阀制度形成后，高门士族被认为是最高贵的特殊等级，被称为“高门”“著姓”“望族”“士流”等，另一些没有特权的人便被称为“庶族”“寒门”“次门”等，士庶之间社会地位与身份完全不同。门阀士族严格选择通婚对象，士族总是在士族圈子中通婚。朝廷的官职有清浊之分。所谓清官即待遇好、事情少的官位，是专为门阀士族保留的。如士族入门的阶梯秘书郎、著作郎，以及黄门侍郎、散骑侍郎、宰辅中的文职等。高门子弟，向来只当清官，不当浊官。梁时流行一句谚语：“上车不落则著作，体中何如则秘书。”意思是，士族子弟只要到了坐在车上掉不下来的年龄，就可以当著作郎；只要会写几句身体如何的客套话，就可当秘书郎。有的浊官虽然品级比清官高，士族也决不愿当，因为这要失去他们的士族身份。士族把清官当作自己的禁脔，决不让庶族寒门插进来。士族在生活方式上也处处强调士庶的区别。不仅车服异制，甚至不能同坐交往。宋士族张敷为正员中书郎，庶族出身的中书舍人秋当、周纠与他是同僚，两人商量去拜访一次。周纠说：“他倘若不招待我们，我们会很难堪，不如不去。”秋当说：“我们也已经有相当地位了，既是同事，随便坐坐总可以。”这样，两人决定去看张敷。进了张家，两人正要入座，张敷见了，忙呼左右说：“快把我的座移开。”表示不愿意和寒人共坐。秋当、周纠感到很窘，只得退出。宋孝武帝的舅舅路庆之出身寒微，有一次，他的孙子路琼之去拜访名门望族王僧达。王故意奚落他，问道：“过去我家里有个养马的仆役路庆之，是你家的什么人?”后又叫左右把路琼之坐过的床烧掉。

门阀士族为了保护自己的尊贵地位，还非常重视修订自己的家谱、族谱，即把祖先的世系源流、上代都做过哪些大官，明确记载下来，这是他们高贵身份的凭据。有了谱牒，可防假冒。宋齐以后政府专门设立谱局，找一些精通家谱、族谱的人任职。谱牒学一时成为一种专门学问，称为“谱学”。最有名的是贾氏、王氏的谱学。贾氏谱学是东晋贾弼所撰的《十八州士族谱》，共一百一十六郡，七百一十二卷。王氏谱学是指南齐王俭增广贾弼之书为《百家谱》，后来梁武帝又命王僧孺改定，共七百一十卷。

2. 豪侈和斗富

两晋南北朝时期，门阀贵族多有大量土地，众多奴婢佃客家财万贯，因而生活十分奢侈，并且发展到比阔斗富的不正常行为。西晋丞相、太傅何曾生活十分讲究，帷帐车服，穷极绮丽，吃饭更是一天三顿要花一万钱，还说无下筷处。他的儿子尚书左仆射何劭骄奢与其父一模一样，家里的衣服，新旧堆积如山，吃饭一定要有各地来的奇珍怪味，一天要花二万钱。当时人认为比皇宫里御膳还讲究。王武子家的碗都用琉璃器，女婢数百人都穿绫罗，有一次晋武帝来，女婢们把一碗蒸乳猪给武帝，武帝吃了觉得特别鲜美，从未吃过。后来一打听，原来它是用人奶喂的。

西晋贵族中还有一种斗富的风气。最有名的就算石崇和王恺斗富。石崇入朝为太仆，是洛阳有名的豪富。王恺是晋武帝的舅舅，也是京城里的豪富。两人互不服气，决心要互相比富。王恺用米浆或麦糖水来洗锅，表示豪华；石崇就用白蜡当柴烧。王恺出门，用紫丝布做四十里的步障（步障是道路两旁遮风寒、挡尘土的行幕）；石崇用织锦花缎做五十里步障。王恺用赤石脂代替泥土涂墙（赤石脂是一种贵重的药材，涂墙呈红色，细腻、有光泽）；石崇用花椒和泥巴涂墙（花椒是一种香料，涂墙保暖性好，有香味，原来只有皇后住房用，称为“椒房”）。晋武帝为了支持王恺斗富，送给他一支珊瑚树，高二尺。王恺拿到石崇面前炫耀，石崇表示不屑一顾，随手拿起铁如意把它打得粉碎。王恺十分痛惜，以为石崇是嫉妒自己有宝，正要发作，石崇说："你不用急，我马上赔你。"他让奴婢取出六七株珊瑚，都高达三四尺，重叠的枝条一层一层数不清，色彩鲜艳如玉，说："这没有什么稀奇，随你挑选。"王恺看了，目瞪口呆，自愧不如。

这两个人不仅挥金如土，而且轻视人命如儿戏。两家都有大批奴婢，被随意杀戮。一次王恺宴请，命一美女在旁吹笛助兴，一时走调，王恺就命人拉出打死。石崇每次摆酒宴，总有许多美女歌舞、劝酒。如果哪个客人饮酒不干杯，那个劝酒的美女就要被杀。一次，王敦故意不饮酒，石崇就一连杀了三个美女。其凶狠残忍，已到了何等程度！

北朝的皇族和大官僚同样过着荒淫奢侈的生活。他们争修楼阁亭台、花园别墅，互相竞夸。高阳王元雍有妓女五百名，僮仆六千名，每一顿饭要花数万钱。咸阳王元禧有妻妾数十，犹感不足。河间王元琛最富，有三百名妓女，尽是国色。他养马以银为槽，金为锁环。一次他大会宗室，把宝货都摆出来炫耀。有水晶钵、玛瑙杯、琉璃碗等，都是西域来的。他对章武王元融说："不恨我不见石崇，恨石崇不见我！"意即他比石崇还要富。

放荡奢侈的生活，必须花费大量的钱财。世家大族个个不择手段敛财。为此，南阳人鲁褒专门写了《钱神论》讽刺，其中说道：“钱之为体，内方外圆，人们亲热地称之为‘孔方兄’。有了它就富昌，失去了就贫弱。钱之所在，危可使安，死可使活；钱之所去，贵可使贱，生可使杀。所以忿争打官司，非钱不胜；想要升迁提拔，非钱不行；怨仇嫌恨，非钱不解；令闻笑谈，非钱不发。洛中贵族，当今朝士，爱我家兄，不可抑制，执我之手，抱我始终。当今之人，唯钱而已！”门阀贵族对金钱的崇拜，被描绘得淋漓尽致。

3. 婚姻和丧葬

在门阀制度下，士族为了维护其社会地位和特权，在婚姻上有严格的限制，士族高门的通婚对象仅限于士族集团内部。例如侨姓中的陈郡谢氏，其通婚对象不过是太原王氏、陈郡袁氏、琅玡王氏、颍川庾氏、泰山羊氏、陈郡殷氏等几个家族。琅玡王氏是第一等高门大族，其婚姻范围也很小，不外乎陈郡谢氏，高平郗氏、陈郡殷氏等。这种狭窄的婚姻范围，使得辈分混乱，也有许多内表亲、中表亲、外表亲等近亲繁殖。如果士族与庶族通婚，就被认为是婚姻失类，要受到族中人的非难。弘农望族杨佺期，由于过江晚，“婚宦失类”，受到东晋其他士族的压抑和排挤。梁武帝时东海大族王源的女儿与富阳富人满璋之的儿子结婚，收了五万钱聘礼，受到御史中丞沈约弹劾，他要求梁武帝给王源降职一等。北魏时世家大族崔巨伦姐姐的女儿瞎了一只眼，想下嫁给庶族，崔巨伦的姑姑闻而悲感说："岂令此女屈事卑族！"决定让儿子李翼娶她，族中人都认为她有义气。可见在门阀制度下，士庶不婚和身份内婚是十分明显的。

另一方面，由于社会分裂，专制主义的放松，儒家独尊地位的动摇，各少数民族内入等原因，在选择对象上也出现了一定程度上的自由。例如西晋时期司州刺史徐邈让女儿在内观察，挑选夫君，最后选中了面貌俊美又有学问的王濬。又如贾充的女儿贾午见韩寿美貌大方，就与之私下往来，事情暴露后，贾充就把女儿嫁给了韩寿。凡此，都说明男女在择偶上已不必完全听从父母之命、媒妁之言，而有了相对的自由。东晋时中下层婚姻关系也较自由。葛洪曾称中下层妇女，或宿于他地，或冒夜而返；游戏佛寺，观视渔猎；登高临水，出境庆吊；开车褰帏，周章城邑；杯觞路酌，弦歌行奏。可见"男女之防"已不如过去之严。东晋孝武帝太元十四年（389 年）曾下过一诏书，允许淮南所获俘虏都放散，男女自相配匹。北朝由于少数民族社会风气的影响，女性在婚配上更有自由权。有些女方家庭主动提出为女择婿。如郭禹、李孝伯、元雍、杨侃、卢柔等。有些男女自由相爱，而后正式聘娶，如裴洵与太原长公主、高欢与娄昭君、薛琡与元匡妾张氏等。结婚女子，如果感情不和，可以离婚。妇女改嫁、再嫁也成为一种普遍的社会现象。在北朝，由于孝文帝实行汉化政策，使汉族与鲜卑族通婚的现象也大为增加。

这一时期的婚聘程序仍基本按照古代的“六礼”：一纳彩，男方送彩礼，女方纳之；二问名，问得女方姓名、生辰；三纳吉，订立婚约；四纳征，送上订婚之礼；五请期，确定迎亲日期；六亲迎，即迎娶。其中前五礼都是订婚阶段的程序。当然，时代的变迁，也使婚俗出现一些新形式，如反映北方婚俗的有催妆、新妇乘鞍、谑郎等（见《酉阳杂俎》及续集）；南方婚礼中有却扇等。

在丧葬方面，秦汉盛行厚葬之风，三国曹操、曹丕都提倡薄葬。西晋承续了曹魏薄葬思想。如晋武帝的祖父司马懿死前就预作《顾命终制》，要求用时服入殓，不设明器，司马昭遵命执行。这对西晋的丧葬有很大影响，有不少人照此去做。如皇甫谧死后，其儿子就遵他遗愿，丧事一切从简。东晋也提倡薄葬，晋元帝、晋明帝都在遗命中要求殓以时服，务从简约。康帝在陵墓中用了宝剑等物，被认为“违先旨累世之法”。后来孝武帝的王皇后死，又再次下诏丧事从俭。十六国的统治者有些实行厚葬，如刘曜葬其父妻、慕容熙葬其妻，前凉张骏墓被盗时也发现许多奇珍宝物。但也有不少主张薄葬。如冯跋下遗书说：“厚于送终，贵而改葬，皆无益亡者，有损于生。”南朝宋武帝刘裕提倡节俭，丧葬也归于俭朴。一些大族如张邵、王微也教育子孙要重生轻死，主张薄葬。梁陈在葬制上总的说来也是俭约的。梁元帝萧绎《金楼子》有《终制》一篇，讲了很多生前要求节葬的事例。陈武帝遗诏中要求葬礼“勿得奢而乖度”。北魏冯太后对自己陵墓大小及不设明器等也作了规定。北周韦夐要求子孙在他死后不换新衣，不设牲牢祭奠，坟高四尺，圹深一丈即可。总的来说，两晋南北朝的葬制比起秦汉和隋唐来是比较俭约的，这与当时儒家思想统治有所动摇有关。当然，这也只是一般的趋势，从考古发掘看，有些墓葬规模还是较大的。如阳羡西晋周氏墓葬群一号墓长达13.12米，随葬品也极丰富；北魏元邵墓陶俑有一千多件；北齐娄叡墓陶俑达六百一十件。

这一时期虽然流行薄葬，却普遍重丧，即注重感情的宣泄。如东晋顾荣死，家人因其生前好弹琴，就把琴供于灵前以寄哀思。张翰往吊，弹琴数曲，哭道：“顾兄还能欣赏吗?”由于重丧，致使相墓术十分流行。出现了许多有名的相墓者，如郭璞、孔子恭、高灵文等。南齐唐寓之的父祖也以图墓为业。会稽郭原平由于掌握了较好的相墓术，以致有不少人来求他相墓。相墓又称“择吉地”，求得宝地则累世隆盛。相墓术注重审察山川形势，即山脉、水流、林木的位置、走向、枯荣，因而考古发掘中，六朝的墓葬多依山而葬，十分注重选地势高的土山丘陵埋葬。

4. 岁时节令

岁时节令是人们长期形成的习俗，它既与季节变化有关，也与生产劳动有联系，因而有很大的历史传承性。两晋南北朝时期主要有以下节日。

元日（正月初一）。又称元旦、春节，是我国古老而隆重的节日。元旦前一天为除夕，人们聚岁，吃团圆饭，放爆竹。到正月初一，这是岁时之首。人们换上新衣，贴春联，走亲访友，拜年祝福。据梁宗懔《荆楚岁时记》等记载，这天风俗还有庭前放爆竹，以避山臊恶鬼；饮椒柏酒、屠苏酒，食鸡，贴门画，挂桃符等。放爆竹是将竹筒放在火上，使之发出噼啪响声，以增加节日气氛。这是以前没有而为两晋南北朝时新产生的。

元旦前的十二月初八，为“腊八节”，这是人们最隆重的祭祖日子。由于佛教的传入，也有人扮作金刚力士以驱邪。

修禊节（上巳）。这一节俗约起源于周代。这一天人们到水边洗濯，以去灾祈福。原为三月上旬的巳日，魏晋以后，改为三月三日。西晋时每逢禊节，洛阳的王公贵族都到南浮桥边参加节日活动，男女都穿着华丽的服装。东晋初，王导、王敦利用这个节日促使南方大族与司马氏政权的合作。王羲之曾约了许多朋友在兰亭修禊，饮酒赋诗，写下了著名的《兰亭集序》。少数民族君主也重视这一节日。后赵石虎在这一天来到水边，参加的还有许多公主、名家妇女等人，大家车服灿烂，也有骑马步射，饮宴终日。

端午节（五月初五）。端午节与夏至节有密切联系。晋周处《风土记》：“俗重五日，与夏至同。”因两者多处于仲夏，许多习俗相同。例如人们要用蒲剑、艾人等压邪、防瘟疫。后来民间对夏至的重视逐步转移到端午。端午时人们又用吃粽子、赛龙舟来纪念战国时投江而死的楚大夫屈原。粽子最早称“角黍”，因早收的黍，性黏，宜于包裹。在《风土记》中说角黍是顺应节气的做法。到梁宗懔《荆楚岁时记》中开始出现粽子的说法。梁吴均的《续齐谐记》开始将角黍与屈原之死相联系。南北朝时有益智粽、黄甘粽等名称。竞渡的习俗也是在南北朝时广泛地传播起来。

七月七。又称七夕节、乞巧节、女儿节。相传七月七是汉武帝的生日，有一青鸟从西方飞来，青鸟即西王母。后演变为地上牛郎与天上织女相爱，被西王母拆散，并画一天河相隔。每年七夕，喜鹊搭起桥让两人相会。魏晋南北朝乞巧习俗日益普及。《荆楚岁时记》说七月七为牛郎织女聚会之夜，又说这一夜妇女结彩缕、穿七孔针、陈瓜果于庭中以乞巧，即向织女乞有一双巧手。按魏晋时习俗，这一天还要晒衣服、晒书。

重阳节（九月九）。又名登高节、“菊节”。“重阳”一词最早见于《楚辞》，汉末才称九月九为重阳节。晋周处《风土记》记载了重阳登高饮菊花酒、插带茱萸的风俗。梁吴均《续齐谐记》讲这一天世人多登高饮酒，妇女带茱萸囊。菊花在万木凋零时开放，人们把它看作长寿的象征；茱萸是落叶小乔木，开小黄花，有浓烈香气，有避除恶气、抵御初寒的功效。晋代大诗人陶渊明喜欢在重阳赏酒，重阳登高也受帝王欣赏。刘裕曾在重阳节登彭城项羽马戏台。可见，魏晋南北朝时，重阳节已成为重要节日。

5. 清谈与服寒食散

清谈是两晋南北朝时期玄学家和士大夫的一种时尚，也是当时时代精神之一。清谈即清雅的言谈，又称“玄谈”“玄言”，起自汉末的“清议”。“清议”是对士人学识、道德和作风的乡党评论，后流于形式。魏晋以后，玄学成为社会思潮，于是清谈就成为时风。

清谈的内容都是一些脱离现实的空洞议论。早期讨论“才”（才能）和“性”（操行）的关系，有四种意见，即才性同、才性异、才性合、才性离。有人就把这种讨论写成《四本论》《才性论》等。后来清谈的主要内容是以老庄哲理为核心的某些命题，如“声无哀乐”“三教同异”“言尽意”之类。玄学家们清谈时，一般分主宾两方，采主客问难方式。谈主首先提出一项讨论的内容并叙述自己的见解，称为“竖义”或“立义”，然后一客或数客问难。

结果有时一方胜，有时双方不分胜负，有时由第三者作总结发言。

清谈时，主与客，特别是“竖义”的“主”必须手执麈尾作为道具，以助谈锋，有点像上课时的教鞭或乐队的指挥棒。麈尾是清谈的必备工具，它不是马尾拂尘一类东西，而是起着显示身份的作用。麈是一种大鹿。麈与群鹿同行，麈尾摇动，可以指挥鹿群的行向。“麈尾”取义于此。当时只有善于清言的大名士，才有执麈尾的资格。如西晋王衍常手执白玉柄麈尾谈玄。东晋王导也执麈尾与殷浩谈玄。唐代麈尾实物，现在日本正仓院还存数柄，类似现代的羽扇。

服食寒食散，也是当时流行于统治阶级和文人中的一种风气。寒食散又名“五石散”。相传其方出自东汉张仲景。因食后发热要食寒食，故名“寒食散”。又因配剂主要由紫石英、白石英、赤石脂、钟乳石和硫磺等五种矿石组成，故又称“五石散”。据说食用此药后浑身发热难受，衣服宜薄和宽大，食宜冷，以此散发毒性，但饮酒必须是热酒。三国魏名士何晏始服此药，服后自觉神明开朗，魏晋士大夫纷纷仿效，成为名士风度。当时人认为服此药可以延年益寿、美化容颜、补肾壮阳。何晏因贪女色，服此是为了壮阳。许多人服此是为了自我炫耀富贵和风流，而实际上这些矿石多有毒性，许多人为此而丧生。如西晋司空裴秀食用寒食散后因误食冷酒而死，年仅四十八岁。西晋名士皇甫谧服药散发不当，难受得想用刀自杀。北魏道武帝拓跋珪服寒食散后药性发作，烦躁不安，或数日不吃，或整夜不睡，喜怒无常，对百官左右都不相信，见他们表情变动、言语不当、步履不正、呼吸不和，都以为有反心，随手杀死。可见，魏晋南北朝服药行散的风气是反科学的，产生了恶劣影响。

6. 娱乐

樗蒱。樗蒱在西汉时已出现，魏晋南北朝很流行。如西晋武帝、后赵石勒、东晋桓温、梁名将韦叡、北齐大臣祖珽等都爱玩此。中下层社会也进行此游戏，甚至十来岁小孩也玩此。樗蒱之具有五：一为枰，是棋盘，盘上有关、坑、堑等标志，为行棋之障碍；二为杯，是投掷五木的容具；三为木，是投掷物，类似骰子，投掷后的成绩决定马和矢的行动。木共有五块，称“五木”，为立方体，上为黑，下为白，侧面两块带黑色的为犊，带白色者为雉；四为马，是棋子，玩者用它在棋盘上过关跨堑；五为矢，也是棋子，代表步兵，用来围车或阻止马前进。五木投掷后，如全黑为卢，其采十六，可连掷打马；二雉三黑为雉，其采十四；二犊三白为犊，其采十；全白为白，其采八；这四者为贵采。此外，开为十二，塞为十一，塔为五，秃为四，撅为三，枭为二，六者为杂采。贵采得连掷，得打马，过关，其余则不能打马，但可调动兵卒。玩时双方执马、矢两种棋子，投掷五木，根据所得齿数，或策马过关，或挥卒围截。这是一种技巧的比赛。但在上层社会中往往以此来赌博。如梁昌义之、曹景宗、韦叡曾设十二万钱以樗蒲相赌。

握槊。握槊之戏从西域传来，魏晋南北朝盛行于北方。北魏孝文帝时有李幼序、丘阿奴两人并工握槊；这是最早的记载。北齐大臣和士开精通此术，常陪武成帝高湛及皇后胡氏玩，因而受宠。北魏末尔朱世隆曾与吏部尚书元世俊握槊，忽闻局上突然有声，一局之子尽皆倒立。可见握槊应是一种棋局。魏晋南北朝时，北方的握槊与南方的双陆结合，发展成隋唐时期的双陆。隋唐时双陆的玩法是，下设一小桌，棋盘四周有护栏，棋子呈棒槌状，双方黑白各十五枚（一说十六枚），两人相博。掷骰子的点数各占步数，先走到对方者为胜。握槊可能也类似。

弹棋。起源于西汉，本为宫中的游戏，汉末社会大乱，流入民间，魏晋南北朝时很盛行。曹丕因爱好此，曾写《弹棋赋》，魏丁廙、晋夏侯惇也写有《弹棋赋》，梁简文帝曾写有《弹棋论》。棋盘用石头制成，磨得光滑，方形，中间隆起，四外低平，棋盘双方各有一蛟龙盘成的圆洞。棋子用硬木或象牙等物制成，共十二枚，每方六枚。玩时双方将棋子摆好，在盘上洒滑石粉。用手弹棋，使自己的棋子通过棋盘中间隆起部分射入对方的圆洞。弹棋时，一方根据对方所摆棋势，用拨、捶等技术，打开对方棋子，为进入对方圆洞扫清道路，另一方则调动自己的棋子，布下阵势，以阻止对方棋子攻入。凡是被击中的棋子，都暂时不能调动。最后，谁先将六枚棋子全部弹入对方洞中者为胜。

投壶。投壶早在春秋战国时已出现，是宾主用以反映自己礼仪修养的活动。魏晋南北朝进一步向娱乐化发展。先秦时投壶，壶中装有一定数量的小豆，以防投入壶中的箭跃出；西汉武帝时，郭舍人改进投壶之戏，将柘木箭改成竹箭，以增加箭的弹性。魏晋南北朝时投壶盛行，有人技术很高，投而不中，箭激反弹，能捷而得之，再投而中。这种技巧称为“骁”。南齐柳恽善于此技，梁陈时周瓒、贺徽能一箭四十余骁。另有“剑骁”“莲花骁”等技术，难度更大。如“剑骁”可能是投入的箭从壶中弹出，挂在壶边的耳上，呈一种挂宝剑的形状，难度极大，得分也最高。“莲花骁”为箭反弹出挂在壶耳上，组成莲花状，其难度更大。西晋时石崇有妓，善投壶，能隔屏风而投之。

围棋。围棋历史悠久，春秋战国时史籍已有明确记载围棋活动。魏晋南北朝是中国围棋发展的一个重要时期。当时围棋活动十分普遍。魏晋之际，名士相聚常饮酒下围棋。东晋时祖纳好围棋，王隐劝他要珍惜光阴。淝水之战时，谢玄破苻坚，捷报送到谢府，谢安正与客围棋，将捷报放在床上，了无喜色，照样下棋，被人引为将帅风度。

齐高帝、梁武帝都好围棋；梁武帝水平很高，“棋登逸品”。北魏太武帝拓跋焘对下棋也十分爱好，一次他与刘树下棋，尚书令古弼在外等了很久，无法奏事，就闯进去，揪住刘树说：“朝廷不治，实尔之罪！”北魏甄琛被举秀才后，进入京师，整日下棋，让仆人秉烛照明，仆人困了，打起了瞌睡，被甄琛责打。北齐高孝瑜、梁时年仅八岁的陆琼，都棋艺高超，能重摆覆局，陆琼被称为神童。

魏晋南北朝对棋手分级定品，仿当时的九品中正制，共定为九个等级，并设围棋的州郡大小中正，作为品评的权威人士。刘宋孝武帝时，评王抗为第一品，褚思庄、夏赤松为第二品；南齐时，齐高帝萧道成为第二品，江敩为第五品。梁武帝时，在柳恽主持下成《棋品》三卷，这是优秀棋手的排名册，登格者共二百七十八人。由于新人不断出现，《棋品》在若干年后要重新校订。对棋手按九品分级，对后世影响很大，现今围棋界采用九段的做法，应与此有关。

魏晋南北朝时，棋具也出现了重大变化。原来围棋纵横各十七道，共二百八十九格，黑白棋各一百五十枚。十六国北朝初，北方出现纵横各十九条线的围棋盘，可多放七十二子，使棋路有更大的变化。

责任编辑：陈斯敏　　美术编辑：王　玮

ISBN 978-7-211-08266-7
9 787211 082667 >
定价：20.00元